O pitch de 3 minutos

Brant Pinvidic

O pitch de 3 minutos

Fale menos e consiga mais em qualquer apresentação

Tradução
Sandra Martha Dolinsky

Benvirá

Copyright © Triple I Trading, 2019

Todos os direitos reservados, incluindo o direito de reprodução no todo ou em partes, de qualquer forma. Esta edição foi publicada mediante acordo com a Portfolio, um selo do Penguin Publishing Group, uma divisão da Penguin Random House LLC.

Título original: *The 3-Minute Rule – Say Less to Get More from Any Pitch or Presentation*

Direção executiva Flávia Alves Bravin
Direção editorial Renata Pascual Müller
Gerência editorial Rita de Cássia da Silva Puoço
Edição Tatiana Vieira Allegro
Produção Rosana Peroni Fazolari

Preparação Mariana Zanini
Revisão Mauricio Katayama
Diagramação Claudirene de Moura Santos
Capa Deborah Mattos
Impressão e acabamento Edições Loyola

Dados Internacionais de Catalogação na Publicação (CIP)
Angélica Ilacqua CRB-8/7057

Pinvidic, Brant
O pitch de 3 minutos : fale menos e consiga mais em qualquer apresentação / Brant Pinvidic ; tradução de Sandra Martha Dolinsky. – 1. ed. – São Paulo : Benvirá, 2020.
208 p.

Bibliografia
ISBN 978-85-5717-378-1 (impresso)
Título original: *The 3-minute rule – say less to get more from any pitch or presentation*

1. Negócios. 2. Apresentações empresariais. 3. Comunicação oral. 4. Persuasão (Psicologia). I. Título. II. Dolinsky, Sandra Martha

20-0405

CDD 658.452
CDU 658.114.7

Índices para catálogo sistemático:
1. Negócios
2. Apresentações empresariais

1ª edição, setembro de 2020

Nenhuma parte desta publicação poderá ser reproduzida por qualquer meio ou forma sem a prévia autorização da Saraiva Educação. A violação dos direitos autorais é crime estabelecido na Lei n. 9.610/98 e punido pelo artigo 184 do Código Penal.

Todos os direitos reservados à Benvirá, um selo da Saraiva Educação.
Av. Paulista, 901 – 3º andar
Bela Vista – São Paulo – SP – CEP: 01311-100

SAC: sac.sets@somoseducacao.com.br

CÓDIGO DA OBRA 704024   CL 670967   CAE 733262

*Para minha esposa, Juliana. Você passou por tudo isso comigo.
Meus caminhos neurais já estão acostumados
com suas contribuições.*

*Para Kahless, Briana e Braden.
As três melhores versões de mim.*

Albert the Turkey, meu peru de estimação: sentimos sua falta.

Sumário

Introdução 9

1. A regra dos 3 minutos 15

2. Os tópicos 27

3. O processo OCTC para a sua história 43

4. Afirmações de valor 57

5. Há mais coisas em sua história 65

6. Informação e engajamento 75

7. Seus três minutos essenciais 85

8. O gancho 97

9. A vantagem 115

10. Use os aspectos negativos 123

11. Seu pitch de 3 minutos 139

12. Abertura, retorno e final 155

13. PowerPoint do jeito certo 169

14. "Você está de batom vermelho?" 185

Agradecimentos 203

Introdução

Sempre que você faz um pitch ou uma apresentação para tentar influenciar alguém a fazer algo, a primeira impressão de seu público se forma em menos de três minutos. O sim ou o não já está na cabeça dele. Não é culpa sua; é assim que as pessoas são.

A capacidade de atenção humana tem diminuído cada vez mais nas duas últimas décadas. Agora, um estudo recente da Microsoft estima que o tempo médio da atenção humana esteja em torno de 8,2 segundos.

A atenção de um peixinho dourado dura nove segundos.

Não é que sejamos todos zumbis estúpidos, avoados e distraídos (se bem que, se você tiver adolescentes em casa, poderá discordar disso). Na verdade, é exatamente o oposto.

Hoje as pessoas se concentram com mais *intensidade* e *eficiência*. A disseminação da tecnologia e a capacidade de obter informações ilimitadas de forma instantânea criaram consumidores hiperespertos. Eles têm tolerância zero para longas explicações, conversas exaustivas ou táticas linguísticas de vendas. Vão deixar você falando sozinho em 8,2 segundos.

O público de hoje simplesmente quer informação de maneira rápida, clara e concisa.

Não importa se você está fazendo uma apresentação para o conselho administrativo de um grande hospital de pesquisa ou para a Associação de Pais e Mestres da escola de seus filhos. Essa realidade vai lhe dar um tapa na cara. E aposto que você já sente isso.

Eu, pelo menos, sinto. Estamos todos no mesmo barco.

Para ser bem-sucedido em seu pitch, você precisa captar e prender a atenção de seu público só com a qualidade e o fluxo de suas informações, por um tempo suficiente que possa levá-los ao processo inicial de tomada de decisão. Eles devem *conceituar* sua ideia, *contextualizar* de que forma ela os beneficiará e, em seguida, *efetivá-la* com um comprometimento potencial ou, pelo menos, mais interesse.

Você tem cerca de três minutos para fazer isso. E eu também.

Uma típica introdução de um livro de negócios pode ter mais de 14 páginas. No entanto, muitos leitores decidem se vão ler um novo livro nas seis primeiras páginas ou menos. O que leva cerca de três minutos.

Assim, antes de qualquer outra coisa, o importante é que eu deixe você suficientemente entusiasmado para ler mais do que apenas as seis primeiras páginas. Então aqui vamos nós:

Este livro é um guia que mostra, passo a passo, como simplificar sua mensagem, condensando estrategicamente seus negócios, produtos ou serviços e resumindo-os aos elementos mais valiosos e atraentes. Em seguida, usando técnicas hollywoodianas de alto nível para contar histórias, você aprenderá a transmitir esses elementos de maneira concisa e convincente.

Esse sistema se baseia nos princípios essenciais da chamada **regra dos 3 minutos**:

Tudo de valor sobre sua empresa, ideia, produto ou serviço pode e deve ser transmitido de forma clara, concisa e precisa em três minutos ou menos. Nos três primeiros minutos, você precisa ilustrar de maneira vívida os elementos mais valiosos de sua proposta, captar e manter a atenção do público e, o mais importante, criar engajamento.

Seguindo essa regra, você poderá **falar menos e conseguir mais com todos os seus pitches ou apresentações**.

Não estou falando de um "pitch de elevador". Reuniões sérias, negócios de verdade e comunicação eficaz demoram mais e requerem mais sintonia fina do que soltar algumas frases cativantes no elevador.

A questão aqui é apresentar suas informações mais valiosas da maneira mais convincente para garantir um maior engajamento. Três minutos não é só um prazo dentro do qual condensar esses dados; isso se baseia em estudos científicos sobre a chamada "motivação por aproximação", ou seja, um estudo que explica por que os consumidores são levados a se engajar. A ciência diz que, se você conseguir *manter o foco* do cliente, poderá *criar o desejo* dele. Você precisa de três minutos para isso.

Simplicidade é poder
Clareza é força
Informação é valor

O segredo é separar tudo o que você *quer* dizer do que *precisa* ser dito. E este livro lhe mostrará *exatamente* como fazer isso.

O processo de criar e apresentar seus três minutos mais eficazes e impactantes tem duas etapas. No restante do livro, vou explicar e detalhar cada um destes conceitos:

Etapa 1: Simplifique e condense as informações apenas para gerar os elementos mais atraentes, valiosos e *necessários*. Crie uma trilha ponto a ponto que guie o público através dessas informações até chegar à conclusão desejada.

Etapa 2: Conecte esses elementos usando histórias divertidas e narrativas que captem e mantenham a atenção do público e que a expandam pelos três minutos. Foque a atenção dos ouvintes para criar desejo por seu objetivo.

Usando essas duas etapas, conforme detalharei ao longo do livro, você poderá transmitir a versão mais poderosa e eficaz de sua mensagem e se assegurar de que o que *precisa* dizer seja ouvido e compreendido.

Você vai descobrir como:

- usar técnicas hollywoodianas infalíveis de contar histórias para transformar um pitch básico em uma narrativa altamente eficiente e envolvente;
- fornecer informações em partes digeríveis e levar seu público a tirar as conclusões certas;
- fazer dos primeiros três minutos os momentos mais impactantes e eficazes de sua apresentação para ter a chance de ir além; e
- entrelaçar seus elementos com uma história divertida, para que você fale menos e entregue mais.

Quer seja um consultor, um executivo de contas, um gerente de fast-food, um personal trainer ou um prestador de serviços, você poderá usar as orientações deste livro para transmitir suas ideias a outras pessoas da maneira mais eficiente e eficaz possível. Poderá usá-las em todas as facetas de sua vida.

E poderá fazer tudo isso rapidamente.

Os próximos capítulos descrevem o processo **OCTC**, que é um poderoso guia de quatro passos que ajuda a identificar, avaliar e ordenar os elementos mais importantes de sua apresentação. Ao responder às quatro perguntas do OCTC ("**O** que é isso?", "**C**omo funciona?", "**T**em certeza?", "**C**onsegue fazer?"), você entrelaçará os pontos mais cruciais de seu negócio em uma estrutura narrativa convincente e descobrirá como usar o poder das histórias em qualquer situação e em qualquer nível.

Começaremos com uma análise detalhada de seu pitch ou apresentação em um formato de tópicos e, em seguida, expandiremos esses pontos em **afirmações de valor** essenciais. Depois, vamos conectá-los usando algumas das técnicas hollywoodianas mais poderosas para contar histórias. Você acompanhará a criação de um pitch completo de três minutos a partir do zero. E também mostrarei como abrir e encerrar efetivamente qualquer pitch, apresentação ou reunião.

Ao longo do livro, nós nos encontraremos com Vince McMahon, Jon Bon Jovi, Jimmy Fallon, Cameron Diaz, dezenas de coelhinhos fofos, encanadores, prospectores de petróleo, pessoas montando um Airbnb para cavalos e muitos CEOs confusos; você aprenderá o que é o *butt funnel*; descobrirá que Freebird não é só o nome de uma canção; participará de uma reunião de tomada de decisão com 43 pessoas; fará o teste do alarme de incêndio e o teste do telefone; passará a adorar post-its e detestar o PowerPoint; e encontrará o **gancho** e a **vantagem** de sua história.

Este livro é fruto dos meus 20 anos de experiência como produtor de Hollywood e como coach e consultor de apresentação para o alto escalão executivo.

Participei de quase 10 mil pitches e, usando esse sistema, vendi mais de 300 projetos de TV e cinema para mais de 40 redes e distribuidoras de televisão. Usando pitches de três minutos cada, vendi programas de TV como *Quilo por quilo* e *Bar Rescue* e arrecadei quase 1 bilhão de dólares em faturamento.

Mas meus métodos não funcionam só para Hollywood: nos últimos cinco anos, dediquei minha vida a ensinar pessoas como você a fazer pitches e apresentações e vender qualquer coisa. Ensinei com sucesso esses princípios a centenas de pessoas, desde CEOs da Fortune 100 até diretores de Associações de Pais e Mestres. Esses métodos ajudaram encanadores a vender sistemas de recanalização doméstica, advogados a vencer casos e companhias petroleiras a vender ações.

É mais fácil do que você imagina e dá menos trabalho do que você está tendo atualmente. Você vai falar menos e juro que vai conseguir muito, muito mais.

Eu poderia continuar falando por mais umas dez páginas sobre o que o livro fará por você e de que forma, mas isso não ajudaria. Provavelmente você já decidiu se vai ler mais ou não. É por isso que os três primeiros minutos de qualquer pitch, apresentação, proposta ou introdução de livro são tão cruciais.

Nunca mais perca alguém nos primeiros três minutos.

Vamos começar.

1

A regra dos 3 minutos

Vamos começar desfazendo alguns dos mitos mais comuns sobre o processo de pitch e apresentação. Esses fundamentos ajudarão você a criar seus primeiros três minutos mais eficazes.

Mito número 1: Sua apresentação precisa de estilo, pompa e linguagem criativa para se destacar no meio da confusão e ser notada.

É exatamente o oposto.

Quando ajudo as pessoas com suas apresentações, a primeira pergunta que faço é: "O que você está tentando fazer com esse pitch ou apresentação cheio de slides, informações, piadas e citações de pessoas famosas?".

A resposta delas normalmente gira em torno do objetivo final, que é, digamos, aumentar as vendas até determinado nível para vender a empresa.

Peço que pensem menor e simplifiquem.

Elas me dão a meta mensal de vendas.

"Menor e mais simples!"

Essa dança continua até que elas ficam sem resposta. Esse exercício é crucial para entender o princípio que fundamenta o ato de influenciar qualquer um a fazer qualquer coisa.

Em termos mais simples, a resposta é: "Estou tentando transmitir informações com eficácia".

Se conseguir fazer com que outras pessoas entendam suas informações da maneira como você as entende, todos os demais objetivos e metas serão um feliz subproduto disso.

Se as pessoas entenderem o valor de seu produto da maneira como você o entende, você venderá mais. Se sua empresa entender sua proposta da maneira como você a entende, eles votarão a seu favor.

A teoria que fundamenta esse processo é algo que você pode aplicar a todos os aspectos de sua vida.

É o seguinte:

O sucesso na vida e nos negócios é ditado por sua capacidade de transmitir suas informações a outras pessoas de modo que elas as entendam da mesma maneira que você.

Se você fizer isso direito, conseguirá vender. Conseguirá lançar um produto. Conseguirá até escrever um livro!

Se você abrir mão de todos os seus conceitos prévios sobre linguagem, tática, estilo ou técnica e focar só no valor de suas informações e no processo de traduzi-las de uma forma que seu público as entenda, garanto que será bem-sucedido.

A regra dos 3 minutos será seu guia passo a passo para que você consiga transformar suas informações mais interessantes e valiosas em uma história envolvente, que levará seu público aonde você desejar.

Mito número 2: Meu negócio, produto ou serviço é complicado demais para ser explicado em três minutos. Eu tenho muita coisa a dizer.

Quase todos os líderes empresariais e CEOs com quem trabalho me dizem coisas do tipo: "Eu simplesmente não consigo condensar minha apresentação em menos de dez minutos. É muita informação".

Pois eu digo a eles que estão errados.

Três minutos não é só um padrão para condensar os elementos valiosos de uma proposta e simplificar uma apresentação, mas também serve para engajar os interlocutores no ponto em que começa o processo de tomada de decisão deles. Se você não conseguir destilar suas ideias em três minutos ou menos, seu público vai começar a tomar uma decisão sem todos os dados pertinentes. E você, definitivamente, não vai querer que isso aconteça.

Em qualquer programa de TV, o conflito de cada cena é editado para ser resolvido quase exatamente na marca dos três minutos. O *Shark Tank*, por exemplo, usa esse marcador de decisão em quase todos os episódios. Desde o momento em que eles apresentam um empreendedor até o instante em que um dos tubarões diz "Estou fora!", são quase sempre três minutos.

Eu faço pitches para mais de 40 programas de TV todo ano, e todas as minhas fitas de vendas têm quase exatamente três minutos. Nos primeiros três minutos de qualquer pitch ou apresentação, o público processará os elementos básicos de sua oferta, começará a lhe atribuir valor e determinará a probabilidade de manter com você um engajamento significativo.

Por isso é tão importante controlar essa narrativa e guiar o público através de cada aspecto de uma apresentação.

Também é fundamental saber com quem você falando. Às vezes, você tem um único tomador de decisão para convencer, mas, na maioria das vezes, existe outra camada a atingir. Essas pessoas terão que convencer alguém, que terá que convencer mais alguém, e assim por diante. Seu pitch provavelmente passará por outras pessoas quando você já não estiver presente.

Veremos adiante como deixar sua mensagem tão clara a ponto de ela sobreviver a esse telefone sem fio corporativo. Mas, primeiro, preciso falar de um dos públicos mais assustadores que já tive de convencer.

A decisão por comitê

Há alguns anos, eu estava esperando no saguão do edifício da National Geographic em Washington, D.C., quando a secretária do presidente da rede foi me cumprimentar. "O Howard gostaria que você participasse de uma reunião um minutinho", disse ela.

Como eu estava lá apenas para almoçar com Howard, não tinha me preparado para nenhuma reunião.

Howard era meu amigo e havia acabado de assumir a presidência do National Geographic Channel. Ele havia comentado que de manhã teria uma reunião de "sinal verde" com toda a empresa. A reunião de sinal verde é aquela na qual a rede toma as decisões finais sobre quais programas serão feitos e quais morrerão ali. Eu tinha um programa e havia vendido um piloto para a Nat Geo, e sabia que esse devia ser um dos assuntos da reunião. Como Howard era o presidente e eu sabia que ele havia adorado o programa, esperava que o almoço fosse de comemoração.

Howard me recebeu do lado de fora da sala de reuniões.

"Brant, estávamos conversando sobre seu programa; foi difícil explicá-lo tão bem quanto você, e o pessoal tem um monte de perguntas. Então, como eu sabia que você estava esperando lá embaixo, pensei que seria melhor subir."

Aquilo era totalmente incomum. Ele estava me levando para a reunião de sinal verde da rede. Os produtores nunca participam de reuniões desse tipo. Nunca.

Mas essa não foi a parte mais estranha. Havia 43 pessoas na reunião, sentadas em torno de uma enorme mesa de conferência. Sério, 43. Durante os momentos mais tediosos, eu me diverti fazendo a conta.

Não dava para acreditar na quantidade de pessoas ao redor daquela mesa! Eu sabia que alguns funcionários da IBM costumavam dizer que o nome da empresa era, na verdade, uma sigla para *Incredibly Big Meetings* [Reuniões Incrivelmente Grandes]; se algum de vocês já trabalhou lá, por favor me diga se eles já chegaram a 43 participantes.

As perguntas começaram. O que me surpreendeu foi como as pessoas estavam confusas e mal informadas (e mal-humoradas) naquela reunião. Howard era o presidente da rede, e eu sabia que ele entendia o programa e que estava empolgado. Mas, quando ele fez sua exposição, obviamente alguma coisa se perdeu no caminho.

Em alguns momentos, parecia que as pessoas só estavam tentando encontrar uma maneira de dizer algo negativo. Eu podia sentir o programa desaparecendo conforme a discussão se estendia. Felizmente, usando o método que acabou se tornando a regra dos 3 minutos, fiz o pitch de novo.

E isso encerrou a conversa. Encomendaram seis episódios.

Fui conduzido rapidamente para fora da sala para que eles pudessem discutir – ou, mais precisamente, criticar e destruir – o pitch do próximo programa, cujo produtor não deveria estar esperando no saguão.

Fui embora daquela reunião com duas percepções cruciais:

Primeiro, como já disse antes, o tamanho! Nunca vi uma reunião com 43 pessoas tentando tomar uma decisão sobre algo.

Havia homens e mulheres do marketing, da programação, do financeiro, do jurídico, do RH. Havia diretores e vices, e vices dos vices. Cada um tinha uma opinião diferente sobre os méritos criativos ou a viabilidade do programa.

Foi impressionante.

O número de perguntas e opiniões foi assustador. Não posso nem imaginar como teria sido se eu não estivesse lá para corrigir todos aqueles mal-entendidos.

Meu coração se apertou quando me dei conta de que aquilo aconteceria em todas as reuniões de sinal verde para todos os programas que eu desenvolvesse.

Conto essa história em minhas palestras e, quando descrevo essa reunião, sempre ouço o mesmo murmúrio de reconhecimento (em qualquer país e em qualquer idioma). O mundo da TV passou a adotar – assim como todos os demais setores – o conceito da **decisão por comitê**.

A sala de reuniões se tornou uma sala de guerra.

A segunda percepção que essa reunião me deu foi que todo o trabalho que dediquei para fazer o pitch e a preparação de Howard, presidente da companhia, não foi suficiente. Ele teve que retransmitir meu pitch a várias pessoas várias vezes. Não admira que as coisas tenham se perdido na tradução. Como eu não poderia estar em todas as reuniões, quem defenderia minhas ideias?

Ficou claro que essa era a causa de uma perturbadora tendência que eu vinha notando havia algum tempo. Eu sempre tinha conversas positivas e otimistas com os compradores que *entravam* para a reunião de sinal verde, mas me surpreendia com o que *saía* dela. Muitas vezes, o mais alto executivo ficava tão surpreso quanto eu pelo fato de o programa não receber o apoio que esperávamos.

Eu sabia que precisava encontrar uma maneira de combater o insidioso fenômeno da decisão por comitê. A partir daquele momento, passei a construir todos os pitches com base na ideia de que alguém teria que compartilhá-lo com outras pessoas. Mesmo que seja o próprio tomador de decisão, há sempre alguém para quem ele vai retransmitir o pitch.

Esteja sempre ciente: **o que importa não é só para quem você faz seu pitch, mas também para quem as outras pessoas vão repassá-lo**.

Mesmo que você consiga expor de forma clara muitos materiais lindamente trabalhados e que consiga manter alguém mergulhado nas profundezas de sua proposta por bastante tempo, as pessoas terão que resumir e retransmitir seu pitch a outras.

Digamos que você tenha passado uma hora fazendo uma apresentação para alguém, que resultou naquilo que você considera a melhor reunião possível da história. Essa pessoa acabou de absorver uma hora de informações. Digamos que ela tenha entendido tudo e que adorou o que ouviu.

Agora, quando ela encontrar outra pessoa e esta lhe perguntar: "Por que você gostou dessa apresentação?", quanto tempo ela levará para responder a essa pergunta e retransmitir todo o valor que absorveu? Vou deixar você adivinhar.

Sim, três minutos. Você acabou de fazer a melhor reunião de uma hora do mundo... mas três minutos é tudo que terá de retorno.

Quando você terminar de ler este livro, espero que queira compartilhá-lo com o maior número possível de amigos e que eles perguntem: "Sobre o que é esse livro? Por que devo lê-lo?".

Instintivamente, você condensará todo o conteúdo em uma explicação de três minutos ou menos. Passei anos desenvolvendo essas ideias e 18 meses escrevendo este livro, e você falará tudo sobre ele em menos de três minutos.

É assim que instintivamente processamos e transmitimos informações.

Agora, conte-me tudo sobre um de seus longa-metragens favoritos ou sobre o último livro de 400 páginas que você leu. Você vai ver. Só vai precisar de três minutos.

Você descobrirá que, independentemente do assunto ou da quantidade de informações que uma pessoa receba, ela usará o que chamo de **história racionalizada** para explicar esse conteúdo a si mesma e aos outros.

Pode parecer frustrante, mas isso é bom. Como eu disse antes, três minutos não é só um limite de tempo para você condensar suas informações. Há muita ciência por trás disso.

A história racionalizada

Os dois fatores mais importantes a serem considerados na hora de criar uma apresentação ou proposta são **conhecimento** e **racionalização**:

1. Que **conhecimento** meu público possui? (Falaremos disso daqui a pouco.)
2. Como ele vai **racionalizar** a decisão de "comprar meu peixe"?

Simplificando, o ser humano é a única espécie que tem o poder de racionalizar. Todas as outras criaturas usam instinto e conhecimento para tomar decisões, mas os humanos usam a capacidade de racionalizar. Essa é uma capacidade emocional notável e poderosa; é a base e o alicerce de todas as decisões que tomamos.

Tudo que você decide ou precisa fazer deve ser racionalizado em sua cabeça para si mesmo. É o "porquê" que há por trás de tudo que fazemos. Mais importante, é o "porquê" aceito, entendido, no qual acreditamos e com o qual podemos conviver.

Nossa capacidade de racionalizar é tão poderosa que move tudo, desde nossas decisões cotidianas mais triviais até a razão de fazermos coisas horríveis uns aos outros. Estamos tão programados para racionalizar que podemos chegar a uma racionalização aceitável para quase qualquer comportamento. Seja qual pasta de dentes usar ou se devemos cometer ou não um assassinato, essa decisão será racionalizada e aceita pelo cérebro humano.

É aí que as coisas começam a ficar interessantes. Quando você racionaliza uma decisão, sua mente naturalmente categoriza todos os elementos dela e os repassa para você da maneira mais eficaz e persuasiva, para fazê-lo "justificar" a decisão.

Vamos fazer uma breve autoavaliação.

Quero que responda a uma pergunta simples: por que você tem o carro que tem?

Responda com uma frase. Já tem a resposta?

"Porque eu gosto." Ou: "Foi um bom negócio". Ou: "Sempre tive desse modelo".

Agora, dê um passo adiante. Explique a si mesmo por que você escolheu esse carro. Para cada resposta, pergunte por quê. Aprofunde algumas camadas.

"Foi um bom negócio, o consumo de combustível é baixo, o carro não quebra e nunca me preocupo com ele."

Você está justificando e racionalizando sua decisão. Você justificará suas emoções e desejos e como eles surgiram. Se continuar perguntando e respondendo por quê, verá claramente a lógica de sua decisão.

Agora, quero que faça isso de novo mentalmente e se imagine dizendo tudo em voz alta.

Isso é importante. Você ouvirá algo incrível.

Sua mente naturalmente coloca os fatores mais valiosos dessa decisão na frente, e em uma ordem específica. Para você, a razão de ter comprado esse carro fica perfeitamente explicada. Você começa com a sentença mais valiosa resumida e, quanto mais pergunta, mais vai revelando as camadas – organizadas por ordem de importância – que racionalizam essas sentenças.

Você descreve o motivo de qualquer decisão usando sentenças declarativas simples. Para si mesmo, você usa só a versão básica e simples, inclusive dos elementos mais complexos. Você não se dá longas explicações.

É incrível. Tente de novo.

Por que você mora em sua cidade? Por que você tem esse emprego? Por que se casou, ou se divorciou? A que filme você vai assistir este fim de semana, e por quê?

Aprofunde algumas camadas perguntando por que e respondendo com frases curtas e simples. Essas frases são chamadas de **afirmações de valor**. Elas representam o que é importante para você, e seu cérebro as organiza naturalmente para construir sua história.

Isso é a **história racionalizada**.

Essa história é a reunião dos elementos mais valiosos para que você possa entender suas ações, emoções e desejos. Se você acabou de reservar suas férias, deve ter usado a história racionalizada sem nem perceber, para decidir aonde ir, onde ficar, quanto gastar e o que levar. Você usa uma história como essa para todas as decisões que toma na vida.

Essa história é precisa. Essa história é sucinta. Essa história diz apenas o que precisa ser dito. Essa história é a maneira mais clara e eficiente de transmitir as informações para si mesmo.

Quando você tenta convencer as pessoas de qualquer coisa, é essa história racionalizada que elas usarão para tomar uma decisão. Mesmo que você passe três horas discutindo todos os detalhes de seu pitch, elas racionalizarão a decisão com base em uma história simples e um conjunto de afirmações, certamente de menos de três minutos.

Imagine se seu pitch fosse construído com base na história racionalizada que seu público usaria para dizer "sim" à sua proposta.

O que você vai aprender nos próximos capítulos é como criar essa história racionalizada para seu público com base apenas em suas informações. Vou lhe mostrar como identificar os elementos mais valiosos de sua proposta e, em seguida, juntá-los de uma maneira que imite a história racionalizada.

O PRIMEIRO PASSO

Muito do que você está prestes a ler e começar a praticar pode, em um primeiro momento, parecer contraproducente. Confie em mim, isso é bom.

Você pode falar menos e conseguir mais.

Em 1929, Joe Kennedy disse que o engraxate estava começando a lhe dar dicas sobre ações, e foi assim que ele soube que era hora de sair do mercado. É sempre uma boa ideia ir no contrafluxo do restante das pessoas.

Em um mundo cheio de marketing e mensagens eletrônicas, todos parecem estar gritando cada vez mais alto. Não queira tentar falar mais alto ainda. Parece que todo mundo está tentando falar mais, com mais frequência e de forma melhor que os outros. Mas você pode trabalhar de maneira mais inteligente, não mais intensa. Fale mais baixo e seja ouvido.

Eu comecei a criar todos os meus pitches de TV (na verdade, todos os meus pitches) a partir desta ideia: falar menos e conseguir mais. Isso me forçou a ser mais eficiente e intencional. A eficácia dessa técnica foi impressionante. Três minutos era o número mágico.

À medida que formos avançando neste livro, você conseguirá identificar esse padrão em qualquer coisa que queira apresentar. Você o aplicará a todos os seus pitches ou necessidades de marketing ou vendas. Isso se tornará parte de sua estratégia para transmitir informações aos outros.

Nos últimos anos, dediquei minha vida ao desenvolvimento desse sistema e à capacidade de ajudar as pessoas a fazer pitches e apresentações do mais alto nível. Recebo ligações de CEOs e líderes empresariais de todo o país, e pude trabalhar com algumas das pessoas mais incríveis – muitas das quais você encontrará nos próximos capítulos. Às vezes, parecia surreal explicar ao CEO de uma empresa multibilionária como simplificar uma mensagem. Todos os milhões de dólares gastos em pesquisas com clientes e em relações com investidores não o ajudavam a falar menos e conseguir mais.

2

Os tópicos

Há pouco mais de uma década, eu estava lutando às cegas como executivo de desenvolvimento de TV em uma produtora em ascensão. Meu trabalho era pegar o gérmen de uma ideia e conseguir fazê-la chegar à TV. Eu tinha não só que criar e desenvolver a premissa do programa, como também convencer os executivos das redes a comprá-lo, pagar para fazê-lo e depois colocá-lo em seu canal.

Eu enfrentava batalhas diárias tentando convencer essa ou aquela rede de TV a ver o valor do programa que eu havia acabado de criar. O processo de pitch era intenso e difícil, mas era tudo que eu sabia. Grande parte do trabalho envolvia ver boas ideias morrerem porque a rede de TV "não entendia".

Naquela época, fazer um programa desde o estágio da ideia até o pitch era um processo de 90 dias. A ideia normalmente levava dois ou três dias para ser formulada, mas eram necessárias semanas para preparar todo o material escrito e gráfico detalhado, filmar e editar um vídeo demonstrativo, elaborar e apresentar todos os pitches. Levar cada pitch ao mercado nos custava uma média de 30 mil dólares.

Calculávamos uma média de uma venda a cada dez pitches. Em televisão, essa era uma média sólida.

Houve um programa em particular que mudou toda a minha carreira. Foi o que me levou a desenvolver a regra dos 3 minutos, e é por causa dele que você está lendo este livro.

Ao extremo

Eu e minha equipe de produção tínhamos passado três semanas em nossa apertada sala de reuniões em Los Angeles, travando discussões infrutíferas sobre a melhor maneira de fazer o pitch daquele programa. Três semanas e nem havíamos começado a esboçar a apresentação ou a filmar o vídeo demonstrativo, porque não sabíamos como fazer o pitch. Todos nós sabíamos que era uma ótima ideia, mas simplesmente não conseguíamos descobrir como explicá-la aos outros.

Não é que todos nós tivéssemos nos tornado estúpidos de uma só vez; é que estávamos nos afogando em ideias e informações demais.

Uma parte do problema era que o programa em questão era extremamente complicado, provavelmente muito caro, nunca havia sido feito antes e levaria cinco vezes mais tempo para ser produzido do que qualquer outro programa de TV que já havíamos feito.

Mas era uma ótima ideia!

Nós seis, naquela sala, com dezenas de anos de experiência em TV, víamos a beleza da ideia e como tudo parecia claro. Naquela sala, todos os elementos e ideias fluíam e se somavam em um programa de sucesso.

Quando éramos só nós, era perfeito. Mas, assim que levávamos mais alguém para a sala, a coisa se transformava num caos. Cada reunião se desviava para outra tangente, e virava uma confusão. Era tudo incrivelmente frustrante. Os membros de minha equipe estavam perdendo o foco e o entusiasmo, e eu os estava perdendo. Eu não tinha ideia de como melhorar as coisas.

Naquela época, éramos uma produtora com bastante potencial de crescimento: tínhamos produzido *The Biggest Loser*, uma série da NBC exibida no horário nobre no mundo todo. Foi o primeiro programa de TV sobre perda de peso e, com seu enorme sucesso, estávamos nos esforçando para criar mais programas sobre emagrecimento. (Em Hollywood, quando um programa é um sucesso, outros como ele sempre surgem na sequência.) Precisávamos decifrar a próxima evolução daquele formato antes que alguém o fizesse.

Naquela sala de reuniões, eu sabia que tínhamos o próximo grande sucesso. Na minha cabeça, aquilo era claro como água. Mas eu simplesmente não conseguia explicar aos outros.

Afundado em minha cadeira naquela sala, com as paredes se fechando ao meu redor, eu me sentia imensamente frustrado, como jamais havia me sentido na vida. Simplesmente não conseguia entender. Se eu não fosse canadense, provavelmente teria gritado e xingado meus assistentes. Em vez disso, só fervia por dentro. Comia muita pizza fria e dormia bem pouco.

Foi então que eu descobri o cerne do que mais tarde se tornaria a regra dos 3 minutos e a base de tudo que falo e ensino hoje. Esse momento está gravado em minha memória.

Seria assim tão simples?

Quero tentar ilustrar como nosso pitch original para o programa era confuso e cheio de informações. É difícil, porque, em retrospectiva, vejo tudo de maneira bem simples e clara, e fica complicado replicar o caos que parecia ser 12 anos atrás.

Mas eis aqui minha tentativa:

> A ideia para o próximo grande programa de perda de peso consiste em olhar as fitas de casting do *The Biggest Loser*, pegar as pessoas grandes demais para competir nesse programa e, em vez de fazê-las per-

der peso com dietas e desafios de exercícios, permitir que batalhem sozinhas.

Nós as ajudaremos quando precisarem de orientação, mas, em última análise, vai depender delas. Perder peso de forma duradoura leva tempo, por isso vamos filmar as pessoas o tempo todo durante o processo. Como levará muito tempo para filmar, teremos que condensar o conteúdo em pequenos segmentos para que se possa ver todo o progresso em uma hora. Não ficarão todos juntos em uma casa, de modo que as histórias serão separadas e as pessoas não se conhecerão nem trabalharão juntas. Não haverá equipes, rivalidades nem votações para decidir quem sai do programa.

Serão apenas histórias individuais, contadas sob suas perspectivas. Note que, se os participantes não estiverem em uma situação competitiva, não emagrecerão tão depressa, e, como eles são muito grandes, a mudança será mais gradual. Como seria muito lento transmitir uma série de episódios e o público ficaria entediado, cada episódio será dedicado à história de transformação pessoal de apenas um indivíduo – e o episódio da semana seguinte focará em outra pessoa. Não haverá conexão entre um episódio e outro, nada para ter que lembrar de uma semana para outra.

Havia mais cinco parágrafos falando como filmaríamos e editaríamos o programa e alternaríamos as equipes para economizar custos ao longo do ano. E que contrataríamos um treinador pelo ano todo para estar com um participante diferente a cada semana; e que precisaríamos contratar treinadores para monitorar os participantes longe das câmeras, porque alguém teria de tomar conta deles, senão não perderiam peso. Também descrevi que esses competidores morariam cada um em sua própria casa, e não em uma fazenda ou em uma "casa de reality", de modo que precisaríamos fazer adaptações no trabalho e na vida pessoal deles para garantir que pudéssemos filmar os aspectos importantes durante o ano todo.

Você está confuso e nem um pouco impressionado? Ótimo. Foi ainda pior em tempo real.

Quando fazíamos nossas simulações de pitch, essa explicação levava cerca de 18 minutos. Eu achava que estava dizendo tudo que queria dizer e transmitindo todas as informações relevantes, mas ninguém conseguia ficar interessado ou focado por tanto tempo. Na maioria das vezes, eu era interrompido com perguntas sobre partes do programa que ainda não havia tido a chance de explicar.

Eu estava apavorado com a perspectiva de ter que falar sobre aquele programa com os presidentes das redes de TV.

A sala de pitch é um ambiente frio, cruel e implacável, com um público muito difícil. As reuniões começam com sorrisos que duram cerca de dez segundos. Se você já assistiu a *Shark Tank*, saiba que essa atitude séria e direta e o estilo rude se baseiam em pitches para redes de TV. Se eu não conseguia conquistar os funcionários de minha própria empresa, como conquistaria John Saade ou Andrea Wong da ABC?

Era doloroso ter que pensar em desistir. Aquilo já tinha acontecido com centenas de ideias no passado. Eu apresentava o programa a meus colegas e, se eles não "entendessem" o conceito, deixávamos para lá. Não tenho problemas com pessoas que discordam da viabilidade de uma ideia ou acham que ela não venderá; mas, naquele caso específico, elas estavam julgando sem realmente entender a coisa. E aquilo estava me deixando louco.

Por sorte, eu não desisti. Em um momento de pura frustração, decidi tentar de novo, do zero.

Então, voltei para a sala de reuniões e pedi à equipe que anotasse todas as palavras que descrevessem o programa em post-its individuais, com canetas hidrográficas azuis, e os colassem na parede. No fim do exercício, tínhamos pelo menos cem post-its colados; tantos que parecia uma grande bandeira amarela com pichações por cima.

Em cada post-it minúsculo só cabia uma palavra ou no máximo duas, porque precisávamos escrever em tamanho grande o suficiente para que a mensagem fosse lida do outro lado da sala. Assim, as palavras, originalmente, serviriam só como guias.

E mais...

Nosso objetivo era organizar esses tópicos em uma ordem que fizesse sentido e que qualquer um pudesse seguir. Mas ficávamos o tempo todo discutindo, porque cada ideia no post-it estimulava os volúveis produtores de TV a tagarelar sobre os detalhes – normalmente, todos de uma vez. E no fim estavam todos girando em círculos sem parar, atrás do próprio rabo.

Eu me desliguei dos gritos da sala e foquei nas palavras na parede. Fiquei perplexo. A parede estava cheia de tudo o que eu *queria* dizer. Eu só precisava encontrar exatamente o que *precisava* ser dito.

Uma por uma, comecei a eliminar as palavras que não eram necessárias para o conceito central do programa. A certa altura, me vi com apenas sete post-its no canto mais distante da parede.

Era como decifrar um código ou ver surgir a solução de uma charada. Pela primeira vez eu vi diante de mim, com perfeita clareza, a melhor maneira de explicar a ideia.

Eu me levantei e gritei para meu assistente: "Jimmy! Ligue para John Saade, da ABC".

Todos os presentes olharam para mim, imaginando que diabos eu estava fazendo.

Jimmy gritou: "Estou com John na linha".

Apertei o botão do viva-voz.

"Brant, vou passar para o John."

"E aí, Brant? Tudo bem?"

"E aí, John? Tenho uma coisa espetacular. Estou trabalhando nisso há meses e acabei de ter uma ideia genial. Tenho que fazer o pitch para você *hoje*, agora. Posso dar um pulo aí?"

A sala ficou em silêncio, todos prendendo a respiração.

Eu nunca havia dito aquilo ao diretor de uma rede. Acho que ele nunca tinha sido convidado a participar de uma reunião daquele jeito.

"Estou meio atolado agora; pode ser semana que vem?", perguntou ele.

"John, prometo que não levará mais de cinco minutos, e você vai entender. Estou dizendo, vale a pena."

Mais uma vez, silêncio.

"Avise-me quando chegar. Vou avisar o pessoal aqui."

"Chego em 30 minutos."

Após um longo e atordoado silêncio, meu diretor de desenvolvimento disse:

"O que você vai fazer? O que vai dizer? Não estamos nem perto de estar prontos."

"Estamos mais do que prontos", respondi. "Nós cozinhamos demais a coisa. Estamos tentando demais. Eu só preciso que ele veja o que nós vemos." Apontei para os post-its. Ele não tinha ideia do que eu estava falando. Mas eu tinha.

Havíamos reunido um grupo de pessoas que não tinham entrado no *The Biggest Loser* porque estavam muito acima do peso. Tínhamos um DVD com eles arfando, se esforçando e reprovando em todos os testes preliminares que havíamos planejado para os concorrentes daquele programa.

Enquanto eu saía da sala, nosso diretor de produção veio atrás de mim e me perguntou o que eu tinha em mente. Ele reiterou que não estávamos prontos e que o DVD era apelativo, não explicava nada sobre como o programa funcionaria, nem como seria. Perguntou: "Você vai lá sem nada? Sem papel, sem PowerPoint, sem orçamento, sem tópicos, sem logotipo, sem episódio piloto? O que vai dizer?".

Pedi que ele confiasse em mim. Cinco minutos depois de desligar o telefone, eu estava pegando a via expressa em direção à ABC.

Esperei mais de uma hora no saguão enquanto John fazia outras reuniões agendadas.

Ele olhou para mim com ceticismo através dos óculos redondos.

Ao contrário do pessoal tipicamente falante do ramo, John sempre foi quieto e determinado.

"Cinco minutos", foi a primeira coisa que ele disse.

Coloquei o DVD sobre a mesa e apontei para ele, pronunciando nove frases:

- Pegamos pessoas obesas que são grandes demais para o *The Biggest Loser*.
- Nós as acompanhamos durante um ano enquanto elas perdem peso.
- Editamos esse ano inteiro de perda de peso em um único episódio.
- As pessoas começam gordas e, no fim de uma hora, estão magras.
- Filmamos todas ao mesmo tempo, mas cada uma tem seu próprio episódio.
- Será a maior transformação já vista na televisão, toda semana.
- Se você comprar esse programa hoje, só poderá exibi-lo daqui a 18 meses.
- Talvez você nem esteja mais trabalhando aqui quando estrear.
- Mas talvez você possa mostrar este DVD a seu chefe e dizer: "Não sei o que fazer com isso, mas é coisa quente, e você é o primeiro a ver".

Demorou um pouco mais de um minuto.

Fundamentalmente, não tentei explicar todos os aspectos do programa para John. Ele sabia tanto ou mais que eu sobre produção televisiva. Fui direto ao cerne, ao que era importante.

Ficamos ali em silêncio por alguns momentos.

John estendeu a mão e pegou o DVD. Olhou para mim impassível.

"Como você vai bancar o acompanhamento dos competidores durante um ano inteiro?"

"Faremos rotação de equipes e usaremos câmeras remotas na casa das pessoas", respondi.

Ele girou o DVD nos dedos. Eu podia ver as engrenagens de sua cabeça girando.

"Então, se você tem um ano inteiro de emagrecimento em um episódio, estamos falando de centenas de quilos?"

"Estamos falando de 140 quilos ou mais. Em um episódio de televisão."

Eu podia vê-lo somando dois mais dois.

"Você pode mesmo fazer isso?"

"Sim, já temos todo o sistema de produção, calendário e orçamento."

Acho que ele chegou a esboçar um sorriso.

"É bem interessante."

"Assista ao DVD e me diga o que quer fazer", disse eu, enquanto saía da sala com mais de um minuto sobrando.

Uma hora depois, meu telefone tocou.

"John Saade, da ABC, linha um", gritou Jimmy.

Todos saíram correndo de suas salas e se amontoaram em volta de minha mesa. Coloquei John no viva-voz.

"E aí, John?"

"Você consegue fazer esse programa por menos de 1 milhão de dólares por episódio?"

"Depende de quantos episódios você encomendar", respondi.

"De quantos você precisa para atingir esse número?"

"Preciso de dez", inventei na hora.

"OK, você receberá uma oferta hoje à tarde. Não faça o pitch para mais ninguém."

"OK, fique tranquilo", disse eu, tentando manter sob controle meu coração disparado e minha voz embargada.

"Ótimo trabalho, ótimo pitch. Pode me trazer coisas assim sempre que quiser."

"OK, até mais."

A sala entrou em erupção. Tipo o Monte Vesúvio. Tipo Krakatoa.

Foi o maior momento de minha carreira. Foi o que fez a nossa empresa.

O programa estreou 18 meses depois, em 2011, na ABC, com o título de *Extreme Makeover: Weight Loss Edition* [no Brasil, *Quilo por quilo*]. Foi uma das séries de reality de verão mais bem avaliadas na história dessa rede de TV. O programa durou cinco temporadas e teve mais de 50 episódios. Salvamos inúmeras vidas e demos a obesos mórbidos a esperança e a capacidade de fazerem coisas que não podiam antes, como pegar os filhos no colo, levar uma filha ao altar e outros momentos transformadores que só se tornaram possíveis depois de eles terem perdido 140 quilos ou mais.

O programa gerou centenas de milhões de dólares em lucro e deu origem a versões em mais de 50 países. Até hoje, ainda é a minha realização mais orgulhosa na TV.

Tudo isso com um pitch que durou menos de três minutos. Eu disse só o que era necessário, não tudo o que queria dizer. E deixei que a ideia fizesse o resto do trabalho.

Aqueles post-its na parede me mostraram o caminho.

O que eu estava fazendo de errado?

Antes de ter minha epifania, eu estava me esforçando demais. Anos antes, eu havia começado a entender como as coisas eram feitas no mundo da produção de TV. Queria explicar tudo, queria mostrar o quanto sabia, o quanto havia feito, como era inteligente.

Eu estava tentando vender, em vez de transmitir informações. Não estava deixando que as ideias fizessem o trabalho. Eu não estava contando uma história.

Depois daquele pitch para o *Quilo por quilo*, as coisas mudaram em meu escritório. Passamos a usar muitos post-its (eu deveria ter investido na 3M). Conforme mais ideias iam surgindo em nosso processo de desenvolvimento, começávamos a dividi-las de maneira semelhante, em palavras e frases curtas. Era quase como um jogo, quando contornávamos a mesa e cada membro da equipe anotava uma palavra ou frase relacionada ao programa. Ouvíamos "oohs" e "aahs" e "boa" conforme o quadro era preenchido.

Os resultados foram surpreendentes. Eu vendi mais programas de TV. Muito mais programas de TV.

Não só vendíamos mais programas usando nossos pitches, como também pude fazer mais pitches de mais ideias. Em vez de 90 dias para que uma ideia fosse apresentada para as redes, eu fazia o pitch em menos de 30. Em vez de gastar em média 30 mil dólares em uma fita e material, nossa média era de menos de 10 mil dólares.

Eu filmava menos, editava menos, projetava menos, trabalhava menos e conseguia *muito, muito, muito* mais. Minha reputação de ter os melhores pitches do setor estava crescendo depressa.

Eu mal podia esperar para ter reuniões com os presidentes das redes. O processo era revigorante.

Desde aquele dia, vendi mais de 300 projetos e quase 50 séries de TV. Esses programas geraram quase 1 bilhão de dólares de lucro e me ajudaram a ser um dos executivos de vendas e *pitchmen* mais reconhecidos e aclamados do setor.

Eu nunca quebrei minha regra dos 3 minutos. Nem uma única vez.

Quando você analisa meu pitch para o *Quilo por quilo*, pode ver como alguns simples tópicos ajudaram a formar a estrutura de toda a apresentação.

- Encontramos **pessoas com excesso de peso**, mas grandes demais para o *The Biggest Loser*.
- Nós as acompanhamos durante **um ano inteiro** enquanto elas perdem peso.
- Editamos esse ano inteiro de emagrecimento em **um episódio**.
- Elas **começam gordas** e, no fim de uma hora, **acabam magras**.
- Filmamos todos ao mesmo tempo, e cada um ganha **um episódio próprio**.
- Será a maior **transformação** já vista na televisão, toda semana.

Seu primeiro passo é criar uma lista com todos os tópicos que descrevam o que você faz ou o que deseja apresentar. Depois que fizer essa lista, vou mostrar como identificar os tópicos mais importantes e conectá-los em frases simples que captem e prendam a atenção do público... durante três minutos.

Comece fazendo algumas perguntas simples e use apenas frases de uma ou duas palavras. Use post-its ou fichas e uma caneta hidrográfica e anote suas respostas.

O que você faz?

O que você faz bem?

Ou:

O que é esse negócio?

Por que isso é bom?

Se você estiver pedindo um aumento de salário, suas perguntas podem ser:

Por que você merece o aumento?

Por que você faz jus a esse aumento?

Faça essas perguntas se ajustarem ao que você está oferecendo. O que quer que alguém faça ou compre? Por que a pessoa deveria fazer ou comprar isso? Qual é a vantagem para ela? A partir das perguntas, você descreve em tópicos o conceito, como ele funciona e por que é bom. Diga com palavras ou frases curtas o que é relevante em seu negócio, produto ou serviço. Não se edite; chegaremos a essa parte em breve.

Os tópicos 39

> Quando você achar que já tem todos os tópicos, vá tomar uma xícara de café ou um copo de água. Depois, volte e escreva mais. A chave para esse exercício é o volume (30 itens, no mínimo). Quanto mais você escreve, mais fácil será classificar depois.
>
> Você ficará surpreso com a quantidade de informações que sua lista conterá.

Vou lhe mostrar uma coisa: aqui estão 31 tópicos de um cliente meu cuja história você conhecerá em um capítulo mais adiante.

Veja quanta informação é possível obter sobre a empresa dele só com essas palavras e frases que não seguem nenhuma ordem específica:

- empresa de encanamento
- Burbank, Califórnia
- recanalização de residências
- tubos PEX
- problemas de água
- substituição de canos
- somente renovação de canos
- sem grandes reformas
- pequenos buracos
- sem bagunça
- casas antigas
- todas as torneiras
- central de atendimento nacional
- ficam os canos velhos
- canos novos
- distribuidor exclusivo
- plástico flexível
- sem quebrar
- orçamento sem compromisso
- casa inteira

- um dia
- garantia
- especialistas
- apartamentos
- casas
- remendos e pintura
- agendamento on-line
- pressão da água
- custo mais baixo
- equipe de limpeza
- upgrades opcionais

Você nunca ouviu nem viu nada sobre essa empresa, mas aposto que agora tem uma boa ideia do que ela faz e de seu pitch. Anote suas impressões e veja no próximo capítulo se chegou perto.

Esse é o poder da simplicidade. Imagine o que começa a acontecer quando refinamos esses tópicos, quando os ordenamos da maneira correta e quando uma história narrativa os conecta com um gancho poderoso.

Deixe que eu lhe mostre exatamente como fazer isso.

3

O processo OCTC para a sua história

Meu tio Mark, consultor de investimentos, havia me convencido a ir à Flórida para a conferência de um de seus clientes, na qual empresas tentavam captar dinheiro de investidores.

A primeira apresentação a que assisti foi de um sujeito que chamaremos de David, CEO de uma empresa de exploração e produção de petróleo do Texas que chamaremos Sun Resources. Estávamos em um salão escuro qualquer, de uma rede de hotéis qualquer, com talvez 50 homens e mulheres (a maioria homens) sentados em longas fileiras de mesas e com blocos amarelos de papel nas mãos, prontos para fazer anotações.

David cumprimentou a multidão timidamente e logo disparou seus slides de PowerPoint. Ele falou pelos 20 minutos seguintes e, embora falasse inglês, tive que me esforçar muito para entender o que sua empresa fazia, o que ele estava buscando ou por que alguém investiria em sua companhia. Ele falou sobre permeabilidade e porosidade, espanadores e combustível seco, geofones e registros gama.

O problema não era apenas que a apresentação estava recheada de jargões técnicos; parecia que o objetivo dele era despejar o máximo de informações possível sobre o público, independentemente de os dados serem ou não importantes.

Quando me peguei cochilando depois de cerca de dez minutos de apresentação, acordei e notei que a plateia estava morrendo de tédio. Logo que chegou ao último slide, David perguntou ao público se alguém tinha perguntas a fazer. Após um silêncio longo e constrangedor, ele agradeceu a presença de todos.

Mark deu um tapinha em meu ombro e disse: "Está vendo o que eu quero dizer?".

Ele havia me convencido a ir à conferência porque já me vira auxiliando pessoas com suas apresentações em ambientes informais, usando as mesmas técnicas que eu costumava usar para os pitches de meus programas de TV, e pensou que havia ali uma oportunidade de ajudar aqueles CEOs a fazer apresentações melhores. A apresentação de David não fora uma exceção. Mark me disse que cochilava durante dezenas delas.

Então ele me apresentou a David, que estava planejando fazer mais cinco apresentações a possíveis investidores nos dias seguintes.

Eu ouvi sua fala de novo. Foi exatamente igual, mas dessa vez eu me concentrei (fiquei acordado) e pude reunir alguns elementos interessantes e valiosos sobre o assunto e sobre a empresa. E fiz algumas anotações.

Salvando a apresentação de David

Oh, céus… Por onde começar?

"Você ainda terá lucro se o preço do petróleo cair para 32 dólares o barril?", perguntei.

O preço do barril havia caído para menos de 40 dólares pela primeira vez em muito tempo, o que gerava muita preocupação no setor.

David disse que sim, e que havia pouquíssimas empresas bem posicionadas para continuar com suas atividades de exploração com o petróleo abaixo de 37 dólares o barril.

Escrevi algo em um pedaço de papel e o entreguei a ele.

"Em sua próxima apresentação, gostaria que você começasse com isto. Confie em mim."

Ele olhou para o papel. "Devo colocar isto no quarto slide, talvez, depois de fazer a introdução." Então pegou o computador para digitar em um de seus slides.

"Não", respondi. "Não se preocupe com os slides. Quero dizer para você começar a apresentação com isto."

Ele olhou de novo para o papel.

"O que você tem a perder?", perguntei.

Algumas horas depois, em mais uma sala de investidores, ele começou com a sugestão que eu havia lhe dado: "Olá, eu sou o David, da Sun Resources. Minha empresa desenvolveu vários lotes de terra com validação geológica e geofísica completa, o que se traduz em menos buracos secos, bem menos do que é a norma nesse setor, dando-nos uma vantagem competitiva no caso de o preço do petróleo continuar caindo e chegar a 32 dólares por barril".

A sala se agitou. As pessoas se animaram. Eu sorri.

E então ele fez a apresentação em PowerPoint de novo, desde o início, acabando com a energia da sala. Só 17 minutos depois (de um total de 22) ele explicou como poderia continuar perfurando a 32 dólares por barril.

Frustração. Algumas perguntas e, depois, silêncio.

Mais tarde, perguntei a David se poderia mexer em seus slides. Ele concordou, hesitante.

Peguei alguns slides, reordenei-os e reescrevi o começo.

"Olá, eu sou o David, da Sun Resources", começou ele na apresentação seguinte. "Minha empresa desenvolveu lotes que nos permitem manter nossas sondas perfurando e lucrando, mesmo que o petróleo chegue a 32 dólares por barril... vou mostrar como fazemos isso."

Ficou bem melhor. Ele explicou como seria capaz de continuar perfurando. Dessa vez, não havia dúvidas de que o público estava envolvido. Mas, depois da explicação, ele voltou aos 20 dolorosos minutos de slides e informações.

Trabalhamos um pouco mais e, em sua última apresentação, embora ainda durasse quase 17 minutos, ele recebeu 30 perguntas, e tiveram que obrigar as pessoas a sair da sala para não atrapalhar a reunião seguinte.

Ao fim do dia, David não queria me deixar ir embora. Ele havia visto os resultados gerados por pequenas mudanças e queria que eu o ajudasse a revisar sua apresentação. Concordei em trabalhar com David em Los Angeles e, graças a meu tio, que continuava cochilando nas apresentações, consegui meu primeiro cliente.

Ele veio com livros, slides de PowerPoint e fichários.

Eu tinha cinco blocos de post-it, um caderno e uma caneta hidrográfica.

Começamos com um exercício de palavras-chave e logo tínhamos dezenas e mais dezenas de post-its cobrindo toda a parede da sala de reuniões.

Trabalhamos dois dias quase sem parar. Reestruturamos, reescrevemos e reorganizamos tudo. Eu não sabia absolutamente nada sobre o negócio de petróleo e combustível, mas isso não importava. As informações, o valor e a simplicidade de sua oferta eram como uma linguagem universal. Foi tudo muito empolgante.

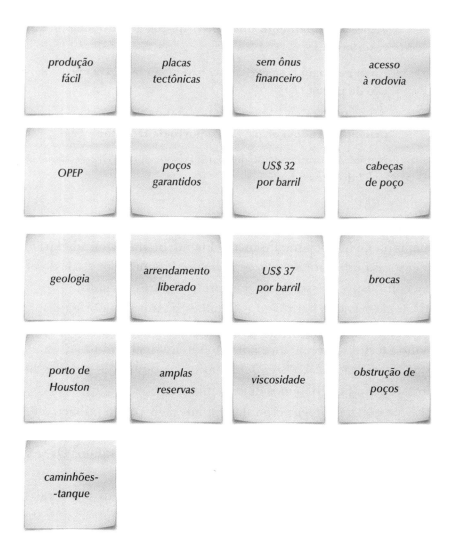

Nós refizemos sua apresentação em PowerPoint e eu a organizei como se estivesse fazendo o pitch de um programa de TV. Ficou simples, continha só as frases mais importantes. Tudo limpo, claro e poderoso.

> Nossa empresa pode **continuar perfurando** lucrativamente, mesmo que o preço do petróleo caia para **32 dólares o barril**.

Temos **arrendamento liberado** de **poços garantidos** com **amplas reservas**.

Nossa **geologia** nos oferece uma **produção fácil**, com pouca **obstrução de poços**.

A **localização no vale** dá aos **caminhões-tanque** acesso rápido às **principais rodovias** que vão ao **porto de Houston**.

Nossos concorrentes terão que parar a produção caso o preço fique abaixo de **37 dólares o barril**.

A experiência de David como ex-vice-presidente sênior da Chevron e sua linha de financiamento incrivelmente bem assegurada fariam de sua empresa um farol de luz em meio ao desanimador setor de petróleo e combustível. Esses eram seus primeiros três minutos.

Dali ele passava para alguns detalhes financeiros obrigatórios, um pouco do histórico de desempenho das ações e algumas projeções. Quando terminamos, a apresentação inteira, incluindo as ressalvas da CVM (Comissão de Valores Mobiliários), prospecções e dados financeiros, durava pouco menos de oito minutos.

Ele passou a receber perguntas e a interagir com o público oito minutos depois de começar, em vez dos 22 normais. As pessoas gostavam do que ouviam, entendiam e viam o valor de tudo aquilo. Os resultados eram claros e imediatos.

Imagine aquelas esculturas que as pessoas fazem em toras com serra elétrica, que começam como um tronco gigante e se transformam em uma bela águia esculpida, cercada por serragem e pedaços de madeira.

Eu não sabia qual de nós estava mais extasiado.

Ainda tenho a emocionada mensagem de voz que David deixou para mim depois de seu primeiro pitch, três dias depois:

> Oi, Brant, só queria dizer obrigado. As apresentações estão sendo incríveis, a reação das pessoas é exatamente como esperávamos e muito

48   O pitch de 3 minutos

mais. Acho que consegui fechar pelo menos três novos contratos dos grandes, e fiquei absolutamente soterrado em perguntas. Eu nem sei o que dizer. Nunca me senti à vontade lá na frente fazendo apresentações, mas isso aqui é diferente, acho que estou ansioso para fazer mais. Minha esposa acha que você lançou algum feitiço sobre mim. Enfim, era só para contar que está tudo indo muito bem. Eu realmente nunca poderei lhe agradecer o suficiente.

Para ser sincero, fiquei meio perplexo. Eu não esperava que meus conselhos funcionassem tão bem. Isso aconteceu muito antes de eu desenvolver a maioria das técnicas avançadas que você aprenderá neste livro. A base do que ensinei a ele ia contra o que a maioria das pessoas parecia acreditar em termos de vendas, marketing e apresentação: que mais é sempre melhor. Que, se você tiver uma hora para convencer um público a comprar algo ou investir em algo, é melhor preencher a hora toda.

Depois daquele fim de semana, percebi que minha vida nunca mais seria a mesma. (Que pena que não pedi a David que me pagasse em ações, porque, no momento em que escrevo isto, elas subiram 14 vezes desde aquele dia.) Se as técnicas simplificadas de pitch que eu havia desenvolvido no mundo da TV funcionavam no complicado mundo técnico de perfuração de petróleo, será que poderiam funcionar com qualquer coisa?

Para responder a essa pergunta, decidi trabalhar com qualquer pessoa que quisesse ajuda para apresentar qualquer coisa. Eu me reuni com empresas de marketing, de relação com investidores, de biotecnologia, de capital de risco, com professores, empreiteiros e médicos. Quanto mais eu estudava e praticava, mais via como essa técnica era poderosa.

À medida que ia trabalhando com mais e mais empresas, comecei a perceber a formação de um padrão. Sempre que começávamos a trabalhar para criar ou reestruturar um pitch ou uma apresentação, iniciávamos com o exercício dos tópicos, e a seguir categorizávamos cada um deles. Eu fazia uma série de perguntas a meus clientes para filtrar as informações. Precisava decompor completamente todos os elementos de seus negócios, produtos ou serviços para depois montar as peças de novo. Quanto mais reduzíamos tudo ao básico, mais forte era a base para construir a apresentação.

Descobri que esse processo girava em torno de quatro perguntas específicas. Pude ver que essas quatro perguntas eram os pilares da história racionalizada que construiríamos para o público. Depois, nossos tópicos seriam agrupados em uma dessas quatro categorias, dependendo da pergunta a que melhor respondessem.

1. **O que é isso?**
2. **Como funciona?**
3. **Tem certeza?**
4. **Consegue fazer?**

É muito simples, mas muito eficaz. Ao usar essas quatro perguntas para filtrar suas informações, você consegue desbloquear uma poderosa técnica narrativa que o ajudará a levar seu público à conclusão desejada, sempre.

Sintetizei esse processo em um sistema específico que chamo de **método OCTC**.

Construindo sua história com o método OCTC

Você pode usar o OCTC para refinar a ordem exata de suas informações, e, posteriormente, ele será útil para identificar o **nível de importância** de cada elemento de sua apresentação.

Depois de olharmos sua coleção de post-its, que contêm todas as palavras que se aplicam à sua empresa ou ideia, vamos analisá-las de acordo com as quatro perguntas abaixo, o que vai nos ajudar a categorizar suas informações e chegar à base da sua história.

O – O que é isso? Isso descreve sua oferta ou seu pedido? Isso é o que você faz ou o serviço que executa?

C – Como funciona? Isso explica por que os elementos de sua oferta são valiosos ou importantes? Isso explica como seu produto funciona ou como você atinge seu objetivo? Isso diz algo sobre o processo?

T – Tem certeza? Isso é um fato ou algo que embasa suas informações? Isso prova alguma coisa? Isso valida seu produto/oferta ou cria um potencial?

C – Consegue fazer? Isso descreve a capacidade de executar ou de tornar a oferta real para seu público? Isso fala de você ou de sua capacidade de executar? Isso mostra como você entrega? Isso diz algo sobre o preço?

Há uma ordem bastante específica para seu público processar suas informações com mais eficiência. O método OCTC permite que você estabeleça e siga essa estrutura.

Para criar o pitch ou apresentação ideal de três minutos, você precisa guiar seu público pelas informações e construir uma história. Simplificando sua mensagem dessa maneira, você apresenta suas informações na forma de afirmações e passos, o que permite a seu público entender a essência do valor da proposta. Efetivamente, você quer que eles vejam sua proposta da mesma maneira que você a vê.

Muitas pessoas começam uma apresentação com fatos, números, lógica e razão para explicar seu valor aos outros. Mas fatos, números, lógica e razão exigem que o **contexto** seja eficaz e confiável. O contexto requer uma **base de entendimento**. E uma base de entendimento depende de uma **premissa sólida**.

Para construir uma história que funcione bem, precisamos começar com uma premissa sólida.

Seu público deve primeiro entender a oferta, o que você faz, do que se trata e por que isso existe. E tudo deve ser apresentado nos termos mais simples. Por si só, isso deve permitir que o público compreenda totalmente o **conceito**.

Em seguida, as pessoas começam a lidar com o **contexto** das informações relacionadas a elas e a suas necessidades. Depois que entendem o que é e como funciona, elas procuram entender o que o produto, negócio ou serviço oferecido pode fazer por elas: como isso vai me ajudar?

Depois de conceituar e contextualizar sua oferta, as pessoas buscarão torná-la real: como faço para **agir**? Como posso fazer isso acontecer? Como será executado? Quem vai entregar? Qual é o custo?

Este é o formato do pitch de 3 minutos:

Conceituar – O que é e como funciona?

Contextualizar – Tem certeza? Isso é verdade, é real, está certo?

Efetivar – Consegue fazer? Isso pode mesmo acontecer da maneira como está sendo descrito?

Esses são três estágios claros para sua proposta ou pitch de 3 minutos. Primeiro, você **conceitua** (explica a oferta), depois **contextualiza** (engaja e verifica detalhes) e, por fim, **efetiva** (incentiva a comprar ou não).

Veja essas etapas em uma aplicação prática:

0:00-1:30 – Conceitualização
1:30-2:30 – Contextualização
2:30-3:00 – Efetivação

Voilà! Eis a regra dos 3 minutos.

Assim, ao analisar novamente seus tópicos ou post-its através do filtro OCTC, você verá como suas informações se separarão em grupos.

CONCEITUAR

O – O que é isso? – Esta é a essência de sua oportunidade. São os elementos mais valiosos e convincentes da proposta para que o público entenda exatamente o que você está oferecendo ou pedindo.

C – Como funciona? – Mostra como acontece, os detalhes ou a mecânica que possibilitam a entrega da sua oportunidade. Você usará qualquer coisa que explique como isso que você diz é possível e por que funciona. Busque declarações únicas ou definidoras que realmente solidifiquem o motivo de você acreditar em seu produto, negócio ou serviço.

CONTEXTUALIZAR

T – Tem certeza? – É aqui que o público procura verificar suas afirmações e alegações. É aqui que você vai usar seus fatos, números, lógica e razão. Depois de entender o que é e como funciona, o público procura algo que fundamente suas alegações. Se ele puder conceituar e contextualizar sua oferta, procurará validar suas alegações com entusiasmo.

EFETIVAR

C – Consegue fazer? – Trata-se da capacidade de executar ou levar sua oferta a bom termo. Aqui pode estar seu passado, sua experiência ou circunstâncias únicas que permitem que você entregue o que promete. Isso diz que você pode de fato fazer a coisa acontecer.

A ideia é colocar todos os seus tópicos em uma dessas categorias. Mais adiante, você verá que esse exercício inicial será a base de toda a sua apresentação.

Veja uma lista de perguntas que muitas vezes faço para ajudar a acelerar o processo. Talvez você sinta vontade de pegar sua caneta e acrescentar mais alguns tópicos.

O – O que é isso?

- O que o torna único?

- O que você pode fazer que os outros não podem?
- Qual é a maior necessidade que isso atende?
- Existem grandes vantagens monetárias no seu método?
- Que problema isso resolve?
- Quem é o mais beneficiado por isso?
- Por que isso tem que acontecer agora?
- O que será diferente após a compra?
- Que lacuna no mercado isso preenche?
- Quanto isso pode representar em seu sucesso?
- Por que é de baixo risco?
- O que torna sua concorrência inferior?
- Por que ninguém poderia copiar você?
- Isso é fácil de implementar?

C – Como funciona?

- O que lhe permite fazer sua oferta funcionar?
- Como você pode cumprir sua promessa?
- Quanto tempo é necessário para entregar o que você propõe?
- É uma mudança gradual ou imediata?
- Quantas pessoas têm esse problema?
- Por que outras pessoas não usaram esse método?
- Quem realmente executa o serviço?
- Existe um processo que deve ser seguido com precisão?
- Isso já foi feito com sucesso no passado?
- Você está usando algum atalho?
- Isso é seguro?
- Quais são as coisas que só você sabe fazer?
- Por que não há outras maneiras de fazer isso?
- Por que você escolheria esse método em vez de outros?
- Quanto dinheiro o comprador poderá economizar?
- Por que seu caminho é o único caminho possível?

T – Tem certeza?

- O que você disse que alguém poderia não acreditar?
- Um terceiro já verificou suas alegações?
- Como esse resultado pode ser replicado?
- Como você sabe que existe uma necessidade para isso?
- O que, em sua história, confirma isso?
- Quem você está usando para entregar isso?
- O que dizem suas avaliações?
- Qual é o valor desse mercado?
- Como as pessoas foram bem-sucedidas nisso antes?
- O que o faz ter certeza de que você está certo?
- Como você soube que havia descoberto algo?
- Por que isso não é "bom demais para ser verdade"?
- Alguém perdeu dinheiro assim?
- Isso foi anunciado ao público?
- Você tem apoiadores inesperados?
- Por que sua concorrência não consegue fazer isso melhor?

C – Consegue fazer?

- O que você já fez de semelhante?
- Por que as regulamentações não se aplicam?
- Por que isso não é restrito?
- Existe algo em seu passado que estragaria isso?
- De que maneira outros falharam ao tentar algo assim?
- Como você treinou para isso?
- Há outros passos antes da entrega?
- Há letras miúdas no contrato?
- Há terceiros envolvidos?
- Que bons resultados o levaram a fazer esse trabalho?
- Isso está em suas mãos agora?
- O que você fará se alguém mudar de ideia?
- Você tem as conexões necessárias?

- Existe alguém mais adequado para o trabalho?
- Quais são as repercussões do baixo desempenho?
- Com quem o cliente deve entrar em contato se houver algum problema?
- Como você lidou com problemas no passado?

Depois de examinar seus tópicos e categorizá-los, separe-os em colunas ou grupos em cada uma das quatro categorias OCTC. Quero que você os separe claramente, porque esses são os quatro pilares que compõem sua história e seus três minutos.

***

No próximo capítulo, avançaremos nesses post-its e criaremos afirmações de valor. Então veremos como fazer uma "sequência" (o que nós, do ramo do entretenimento, chamamos de "coleção de cenas dispostas na ordem básica") e acrescentaremos alguns elementos-chave à história para transformar seu pitch em uma narrativa coesa.

O que você talvez não tenha notado é que o processo OCTC o forçou a explicar seus tópicos ao categorizá-los. Talvez tenha notado que usou uma história racionalizada para justificar cada um. O OCTC o forçou a simplificar suas informações, e você provavelmente nunca tinha feito isso. Tudo bem, porque vamos entrar nessa para valer no próximo capítulo.

4

Afirmações de valor

No início de minha carreira como palestrante, fui convidado para uma conferência chamada NobleCon. Minha tarefa era conduzir um seminário sobre pitch e apresentação para CEOs de empresas de capital aberto, de pequena capitalização. Depois do meu seminário, tio Mark, que havia organizado a conferência, apresentou-me a vários participantes. Enquanto ele fazia as apresentações, um homem ali perto batia na mesa onde estava trabalhando e xingava ruidosamente olhando para o notebook à sua frente.

"Que inferno!", o sujeito deixou escapar de novo. A cada poucos minutos ele socava o teclado, bufava e soltava um palavrão. Até que Mark foi falar com ele.

"Brant, quero que você conheça Peter, da GTK Therapeutics", disse ele, enquanto nos aproximávamos daquele homem aparentemente estressado. Peter era CEO de uma empresa de biotecnologia. Trocamos cumprimentos, e então Mark riu e perguntou:

"Peter, você gostou do seminário do Brant?"

Peter respondeu, meio irritado: "Achei incrível. Mas agora tenho que refazer minha apresentação inteira. Tudo que você disse para *não fazer* é o que eu faço".

"Ah, não!", respondi. Dei uma olhada na tela dele, e ele estava excluindo furiosamente o texto dos slides de PowerPoint.

"Está vendo o que eu quero dizer?", perguntou, enquanto passava slides e mais slides cheios de textos, gráficos e marcadores.

"Parece que seus folhetos informativos foram transformados em Power-Point, é isso?" Ele apenas sorriu e começou a apagar e digitar de novo.

"Quantos slides você tem?", indaguei.

"Trinta e nove."

Tive vontade de bater a mão na testa, como um daqueles emojis, mas me segurei.

"Quando vai fazer sua apresentação?"

"Em menos de uma hora. Estou ferrado."

Oh, céus... Olhei mais alguns slides.

Ele está ferrado de verdade, pensei comigo mesmo.

O problema dele não eram só os slides do PowerPoint. Eles eram apenas o sintoma de um problema muito maior (vou falar sobre como usar slides de forma eficaz no Capítulo 13).

Corrigindo o pitch de Peter

"Você tem cartões de visita?", perguntei.

"Claro", disse ele, e me entregou um. Lembro-me do olhar de decepção em seu rosto quando ele pensou que eu só iria pegar o cartão e dizer que ligaria algum dia.

"Não. Você tem um monte de cartões de visita?"

Ele remexeu na pasta do notebook e tirou uma pilha de cartões. Peguei mais ou menos uma dúzia, virei-os com o lado branco para cima e os coloquei em cima da mesa. Peguei minha caneta.

"Muito bem, vamos começar. Fale palavras ou frases curtas que descrevam o que sua empresa faz."

Ele disparou um punhado de palavras e eu as anotei. Ele me apresentou a esposa, Nancy, e ela sugeriu mais alguns tópicos. Por exemplo:

• BIOTECNOLOGIA • 18 ANOS • DESENVOLVIMENTO	• MEDICAMENTOS • TRATAMENTO • PATOGENIA	• FIBROSE • CLÍNICO • PARCEIROS
• PACIENTES • DOENÇAS DO FÍGADO • IMUNOTERAPIA	• CARBOIDRATOS • PROTEÍNA GALECTINA • PELE	• 80% DE SUCESSO • RESERVAS DE DINHEIRO
• TESTES FDA • CÂNCER • LABORATÓRIO	• TESTES • DESCOBERTA	

Peter ficou olhando para mim e disse o que todo mundo com quem já trabalhei costuma dizer na primeira reunião comigo: "Minha empresa é complicada e leva tempo para explicar, e há muito mais sobre o que fazemos do que possa ser explicado em três minutos. Tem muita coisa acontecendo".

Quando ouço isso, normalmente respondo: "Não, não é complicado. A informação é muito simples, você é que está complicando as coisas".

Daquela vez, no entanto, eu estava olhando para aqueles cartões de visita com palavras que nem sabia que existiam, pensando comigo mesmo: "Caramba, isso pode ser mesmo complicado".

Mas prossegui.

"Muito bem, agora me dê palavras e frases que descrevam **o que** você faz **bem**. O que o torna mais valioso ou mais interessante que seus concorrentes?"

Em alguns minutos, Peter e Nancy apresentaram o seguinte:

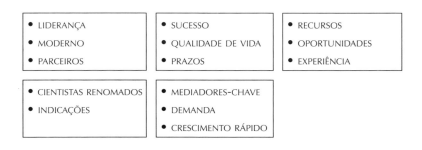

Afirmações de valor   59

Ele foi explicando rapidamente cada cartão enquanto eu fazia as quatro perguntas do OCTC. Peter precisou esclarecer a maioria dos tópicos para que um não cientista, como eu, pudesse entender por que os havia anotado e por que eram relevantes.

Eu tinha quatro grupos de cartões de visita e ouvi uma frase sobre cada um deles. Assim, pude ver o que aquela empresa fazia e o que fazia bem. O valor começou a aparecer.

Àquela altura, tínhamos menos de 30 minutos. Precisávamos correr.

O mais rápido possível, reescrevemos e reorganizamos os slides do PowerPoint. Na maioria dos casos, excluímos frases longas e detalhadas (e até mesmo parágrafos) e as substituímos pelos tópicos ou frases simples que ele estava usando para me explicar as coisas.

Por exemplo, um de seus slides continha mais de cem palavras. E virou o seguinte:

- 18 anos de desenvolvimento
- imunoterapia
- inibidores da proteína galectina
- testes clínicos
- taxa de sucesso de 80%
- aprovação da FDA pendente

Seis tópicos, 20 palavras.

Fizemos isso com o maior número possível de slides.

Conversamos, fizemos um teste. Parecia uma grande melhoria.

Com dois minutos sobrando, Peter salvou seus novos slides e se preparou para subir ao palco.

Eu corri para meu lugar, ansioso. Adoro quando minhas teorias são testadas ao vivo.

Mas foi um desastre total. Um naufrágio sem sobreviventes. Peter gaguejou a cada frase. Ele não tinha ideia de qual seria o slide seguinte.

Ele suava a olhos vistos. Estava tão constrangido lá em cima que fiquei constrangido de vê-lo.

Depois de cinco minutos, ele parou e começou de novo, literalmente lendo as frases na tela e explicando-as. Eu me senti tão mal que queria subir no palco e abraçá-lo.

Se você já fez uma aula de golfe, sabe do que estou falando. Seu suingue funciona muito bem na frente do instrutor, mas, no segundo em que você sai do curso, há tantas coisas novas passando por sua cabeça que você não consegue acertar a bola nem que sua vida dependa disso.

Foi isso que fiz com Peter. Eu enchi a cabeça dele com tantas ideias simplificadas que ele se enrolou todo. Estava tudo lá, os elementos simples de sua proposta e os pensamentos básicos sobre o que ele fazia tão bem, mas ele simplesmente não conseguiu juntar as coisas.

Quando Peter por fim terminou seu último slide e abriu para perguntas, eu tinha certeza de que a primeira (se houvesse alguma) seria: "Como uma pessoa pode suar tanto e ainda estar em pé?".

Para minha surpresa, a sala irrompeu em perguntas. Cada pessoa ali presente tinha algo a acrescentar ou a questionar. Uma vez iniciado esse processo, Peter se sentiu em casa. Os investidores perguntavam sobre detalhes específicos da proposta, o questionavam com interesse.

Peter não estava feliz consigo mesmo. Estava tão consumido por seu embaraço que não conseguia ver a eficácia de sua apresentação. Eu lhe perguntei se ele já havia tido essa resposta de uma plateia após uma apresentação, e ele disse que nunca nem chegara perto. Ele ficou tão abalado devido ao desempenho pessoal que nem percebeu o desempenho de suas informações.

E isso foi bastante revelador.

A história vence o estilo

A maioria dos conselhos que você vai encontrar sobre como fazer um pitch eficaz foca em como apresentar, como falar em público, como vencer o nervosismo. A verdade é que nada disso importa muito. Não importa se sua performance transmite confiança ou nervosismo, se você usa ou não o nome de seus clientes repetidamente, se sua gravata é azul ou vermelha; o que o público quer de verdade é informação. A história vence o estilo.

Vou repetir: **A história vence o estilo. Sempre.**

É por isso que a regra dos 3 minutos e o método OCTC são tão eficazes. As pessoas querem saber o que você está oferecendo, como funciona, por que é bom e como podem consegui-lo. Se você expuser isso de maneira rápida e concisa, terá um público engajado querendo mais.

A simplicidade é poderosa. Costumo dizer, brincando: "O simples é o novo sexy".

Ninguém quer ser entretido com o que eu chamo de "dança linguística". As pessoas são ocupadas demais. Elas querem as informações mais relevantes de forma rápida e concisa.

O passo mais importante é reduzir tudo que você acha que precisa dizer à forma mais simples e direta. Esse processo de transmitir todo o valor de sua oferta de forma clara, concisa e precisa em três minutos ou menos começa com uma pergunta fundamental:

Como você pode compactar tudo que *acha que precisa dizer* apenas naquilo que *precisa ser dito*?

Você vai falar menos… e conseguir mais. Você pode fazer isso com todos os seus pitches ou apresentações sempre, para qualquer pessoa e sobre qualquer coisa.

Peço que abandone todos os seus conceitos prévios sobre linguagem, tática, palavreado ou técnica e foque apenas no valor das informações e no processo de tradução dessas informações de uma maneira que o público entenda.

Um dos meus momentos favoritos ao trabalhar com novos clientes é quando temos a parede coberta de post-its cheios de tópicos, damos um grande passo para trás e olhamos tudo. Acho que nunca um cliente meu olhou para isso sem dar um sorriso enorme. É muito gratificante ver como a simplicidade e a clareza olham para você.

Se você tem sua coleção de tópicos dos capítulos 2 e 3 na parede à sua frente, provavelmente está se sentindo da mesma maneira.

Uma das razões de isso ser tão bom e claro é que as informações representadas por esses tópicos estão perfeitamente explicadas em sua cabeça. O processo pelo qual acabamos de passar para reduzir essas informações a palavras e tópicos obrigou você a racionalizar cada pensamento nos termos mais simples.

Agora, vamos reverter o processo e expandir esses tópicos em pensamentos e frases simples e completos.

Veja todos os seus tópicos de novo e diga em voz alta os detalhes que os cercam. Para cada um, explique por que você escreveu essa palavra ou frase e por que a colocou em determinada categoria OCTC. Aposto que a resposta ficará simples, limpa e clara.

Esclareça-os da mesma maneira simples que usou antes, na parte sobre OCTC. Qual é a forma mais simples de dizer isso?

Essas afirmações simplificadas são o que chamo de **afirmações de valor**.

Portanto, se seu tópico foi:

- Personal trainer, *torna-se* Eu sou um personal trainer certificado.
- Ex-atleta, *torna-se* Joguei beisebol semiprofissional.
- Baixa repetição, *torna-se* Baixa repetição aumenta a intensidade.
- Período de descanso, *torna-se* Um curto período de descanso aumenta a frequência cardíaca.
- Clientes celebridades, *torna-se* Eu treino atores para papéis atléticos.

Parece simples demais? Ótimo.

Você está pensando em pular esta parte porque é básica demais? Não faça isso. É como qualquer outra coisa na vida; decompor uma ideia em sua forma mais simples e criar a base adequada lhe permitirá formar a estrutura mais forte possível. Vender uma ideia, arrecadar dinheiro, convencer pais em reuniões da APM, pedir uma promoção, divulgar sua empresa e obter a aprovação do conselho dependem de uma base de valor perfeitamente clara. Então, confie em mim e escreva as frases simples.

Ao passar por esse processo, você ouvirá uma história se desenvolver em sua cabeça. Mas é importante *ser breve*! Você está familiarizado com essas informações e vai se ver usando frases e jargões a que está acostumado. O exercício aqui é não recorrer à sua verborragia. Você precisa se esforçar para pensar simples. Neste momento, apenas construa a base. Todas as firulas chegarão em breve.

Acabou de escrever suas afirmações de valor?

O que você talvez note é que os 30 tópicos se transformaram em 40 ou mais frases. Isso é bom. Seus tópicos simplificados normalmente geram outras ideias em que você não tinha pensado ou que tinha pulado. O processo de desmembrar e reconstruir abre novos pensamentos, novas afirmações de valor. Nessas 40 afirmações está a versão mais poderosa de seu pitch de 3 minutos.

Agora, só precisamos escolher o que dizer primeiro, o que dizer depois e amarrar tudo para que o público entenda a ideia como você a entende.

Essa é a parte fácil.

5

Há mais coisas em sua história

Talvez você esteja olhando para suas mais de 40 afirmações de valor e pensando: "Achei que era para ser um pitch de 3 minutos". Eu ouço muito isso.

Lembre-se: não se trata apenas de reduzir tudo a três minutos; trata-se de encontrar *os melhores três minutos*. Provavelmente, em seu pitch e apresentação, você terá a chance de expor e explicar cada uma de suas afirmações, porque seus três primeiros minutos deixarão seu público ansioso e animado para ouvir mais.

No entanto, é bem provável que você ainda não tenha reunido todas as suas afirmações de valor. Na verdade, posso apostar que há ouro escondido a respeito do que você faz e oferece que não está diante de seus olhos nessas 40 afirmações.

Sei que eu disse no capítulo anterior que pegaríamos suas afirmações e as reuniríamos, mas, segundo minha experiência, nosso próximo exercício vai revelar elementos muito valiosos em que você ainda nem pensou.

Você vive com suas informações e as entende tão bem que acredita ser essa a versão mais simples; você acha que encontrou o valor essencial. É provável que esteja analisando afirmações que já usou muitas vezes e que conhece muito bem.

Vamos juntos dar um passo adiante para que você descubra algo novo, que está esperando para ser descoberto.

Não entendi

Não estou exagerando. Haviam se passado 17 minutos da apresentação de Michael quando desliguei o viva-voz, olhei ao redor da sala e perguntei: "Alguém faz ideia do que ele está falando?". Todos os seis executivos disseram "não" com a cabeça.

Michael dirigia uma empresa de RI (relações com investidores). Ele ajudava empresas de capital aberto a administrar suas informações e seu departamento de imprensa para facilitar a comunicação com os acionistas e o público.

Ele havia visto uma de minhas apresentações e me pedira para ajudá-lo. Eu estava bastante ocupado, mas disse que poderia lhe dar 30 minutos por teleconferência para ouvir sua história e seu pitch. Sem compromisso.

Minha equipe executiva de TV e eu estávamos em um brainstorming na sala de reuniões quando meu assistente me recordou que eu tinha essa ligação agendada.

"Querem ouvir como é um pitch fora do setor televisivo?"

Nós nos reunimos ao redor do telefone e ativei o viva-voz.

Michael começou sua apresentação de slides remotamente.

Dezessete longos minutos se passaram.

Por fim, eu o interrompi no meio de uma frase.

"Michael, espere. Antes que você prossiga, tenho que lhe dizer que não entendi."

"Desculpe, o que você não entendeu?"

"Bem, nada. Na verdade, não entendi o que você faz."

Silêncio.

"Vou lhe dizer o que não entendi, aí você começa de novo e eu aviso quando algo não fizer sentido."

Eu disse à equipe para levantar a mão quando algo não fizesse sentido ou quando eles não entendessem alguma coisa.

Michael começou de novo.

Quatro frases e uma de minhas executivas levantou a mão.

"Não entendi."

"Ah, OK. Bem, isso significa…"

E ele explicava um pouco mais.

"Continue."

Duas frases depois:

"Não entendi."

E ele explicava mais. Logo percebi que suas explicações eram muito mais interessantes e claras que seu pitch ou seus slides.

Silenciei o viva-voz e pedi a um membro de minha equipe que fosse até o quadro branco e anotasse afirmações de valor e tópicos, exatamente como fazíamos com os programas de TV.

Depois de cada frase e slide, eu dizia: "Não entendi", e Michael dava uma explicação coerente. Continuei dizendo "Não entendi" ao longo de toda a fala dele.

Talvez todas essas interrupções pareçam absurdas. "Não, eu realmente não entendi. Explique." Nesse processo, porém, conseguimos descobrir todos os elementos que faziam a empresa de Michael funcionar.

Sempre que eu dizia "Não entendi", ele era forçado a explicar cada elemento e, em consequência, teve que se aprofundar na explicação. Era como se cada pergunta o fizesse descer mais pelas camadas de simplicidade até chegar à essência absoluta de suas informações.

Por exemplo, ele disse: "Contratamos um grupo fixo de jornalistas freelance para cuidar do cronograma de liberação de notícias e maximizar o alcance".

"Não entendi."

"A maioria das empresas de RI simplesmente envia comunicados de imprensa em um horário fixo e espera isso que surta efeito."

"Não entendi."

"Uma empresa de capital aberto tem um cronograma agressivo de liberação de informações, três vezes por semana. A maioria desses comunicados de imprensa é enviada e a empresa espera que alguém escreva uma matéria sobre o assunto."

"Não entendi."

"Os comunicados de imprensa normalmente são muito breves, porque são muito factuais e existem regulamentos estritos sobre o que se pode dizer ou promover."

"Ainda não entendi."

"Se um jornalista de verdade escrever uma matéria sobre sua empresa que seja factual e pareça interessante, é muito mais provável que essa matéria seja escolhida e publicada."

"Não entendi. Como você faz isso?"

"Contrato centenas de jornalistas freelance que escrevem as matérias com base nos comunicados de imprensa de nossos clientes."

"Então você tem matérias. O que faz com isso? Não entendi."

"Essas matérias passam por nossa rede de fontes de notícias. Nós possuímos meios de comunicação e sites. E temos acordos de divulgação com as principais agências de notícias do mundo."

"Não entendi. Por que isso é diferente de qualquer outra empresa?"

"Isso significa que, toda vez que nossos clientes divulgarem informações sobre as empresas deles, elas serão escritas e publicadas."

"Não entendi… isso é importante?"

"Hoje, tudo que um investidor usa para avaliar as ações de uma empresa na bolsa é extraído, inicialmente, das pesquisas e matérias que encontra on-line. O importante é o que as pessoas estão dizendo, é a percepção."

"Não entendi. Não é isso que toda empresa de RI faz?"

"Nenhuma empresa de RI consegue fazer isso! É por isso que digo que somos especialistas em mídia e informação."

"Acho que agora entendi."

Quando a conversa terminou, notei que Michael estava exausto. Acho que ele sabia que eu o estava interrogando como exercício, e não por ignorância (espero), mas no fim tínhamos um quadro branco cheio de afirmações de valor claras. Eu podia ver o que ele fazia, como fazia, por que funcionava e por que tinha valor.

"O que você acha?", perguntou ele.

"Deixe comigo. Saia daí e pegue um avião. Vou ajudá-lo a criar uma nova apresentação. Você tem coisas boas aqui."

Michael chegou na semana seguinte e gastamos apenas uma tarde para estruturar sua nova apresentação.

Ele fazia pitches para empresas de capital aberto por telefone, usando slides remotos, com a proposta de que o contratassem por uma taxa mensal adiantada. Essas empresas tinham outras firmas de RI cuidando de sua comunicação, então Michael estava pedindo que elas fizessem uma troca.

Ele me ligou duas semanas depois.

"Antes, eu fazia dez pitches por mês e fechava um novo cliente a cada três meses. Isso era suficiente para manter as portas abertas. Mas nas últimas duas semanas fiz cinco pitches e fechei três deles!"

Michael estava em êxtase. Finalmente as pessoas conseguiam ver o que sua empresa fazia e por que ela era diferente. Essa informação já se sustentava, era como um raio de luz em meio à mesmice.

A lição aprendida aqui é: já que Michael havia conquistado três novos clientes a 25 mil dólares por mês cada, eu deveria ter lhe cobrado mais!

Mas a verdadeira lição, claro, é que, quando você se força a explicar o que faz e por que isso tem valor em sua essência, revela coisas que provavelmente estava deixando passar.

Nas reuniões de desenvolvimento em TV, comecei a bombardear meus executivos com perguntas simples e básicas, sondando com o "não entendi". Isso nos ajudava a organizar as informações e nos forçava a apresentar declarações mais simples e claras.

"Vamos encontrar os empreiteiros mais sacanas do país e expô-los."

"Por que queremos fazer isso?"

"Porque todo mundo já teve uma experiência ruim com um empreiteiro sacana."

"Mas o que isso quer dizer?"

"Quer dizer que, se pudermos pegá-los e fazer justiça, as pessoas vão adorar."

"Não entendi. Como você vai fazer isso?"

"Vamos armar uma cilada, como em *To Catch a Predator*."

Ou:

"Chefs que estão acima do peso, tentando emagrecer."

"Por que isso é diferente?"

"Os chefs comem coisas tão deliciosas e calóricas que acabam engordando."

"Como isso é diferente?"

"É um concurso de culinária, mas também um concurso de perda de peso."

"Não entendi. Como essas duas coisas se conectam?"

"Eles precisam comer o que preparam enquanto tentam emagrecer."

"E qual é o objetivo?"

"Isso os obrigará a fazer comidas mais saudáveis, para que possam perder peso."

"Como isso funciona?"

"Eles têm que fazer pratos bons o suficiente para vencerem o concurso de culinária, mas saudáveis o suficiente para ainda perderem peso."

O primeiro desses programas, *Catch a Contractor*, tornou-se um grande sucesso; o outro ainda será lançado, por isso pode aparecer na TV enquanto você lê este livro. Vamos torcer.

Não existe pergunta idiota

Cobrir-se de frases simples do tipo "Não entendi!" lhe permitirá ter um conhecimento mais profundo de sua proposta. Se fizer isso direito e por tempo suficiente, descobrirá todas as camadas e facetas de seu pitch.

Quando aceito um novo cliente particular, passo duas ou mais horas fazendo perguntas idiotas a respeito de todas as afirmações sobre a empresa. É cansativo, mas elimina todo o resto. Se ficar repetindo "Não entendi, por que isso é importante?", você encontrará algo.

Certa vez, eu e o CEO de uma empresa farmacêutica entramos nessa de uma maneira quase combativa. Imagino que, como CEO de uma empresa que vale bilhões, ele nunca tinha sido forçado a responder a perguntas como essa várias vezes.

Faça uma acareação de si mesmo. Antes de se comprometer com qualquer parte de seu pitch, antes de decidir quais afirmações são importantes e quais não, você precisa passar por um sério interrogatório.

Você não vai gostar. As dez primeiras perguntas são fáceis, você já tem as respostas. São as dez seguintes que doem, porque você encontrará algumas às quais não saberá responder muito bem (por enquanto).

Digamos que você tenha uma loja de ferragens em Akron, Ohio. Se você perguntar: "Por que alguém compraria ferramentas de mim, e não pela internet, ou na Home Depot?" e sua resposta for "Porque sou um comerciante local", pergunte: "Por que isso importa?". Se sua resposta for "Porque assim o dinheiro circula na co-

munidade", questione: "Por que alguém se importaria com isso?".
Porque...

Se suas perguntas o levarem a um beco sem saída e suas respostas parecerem pouco autênticas, volte ao começo e mude uma resposta.

> A resposta para "Por que alguém compraria ferramentas de mim, e não pela internet?" agora pode ser "Porque as pessoas querem primeiro pôr as mãos no produto".
>
> *"Mas por que isso faria alguma diferença?"*
>
> "Porque o preço é bem similar."
>
> *"Por que isso importa?"*
>
> "Porque as pessoas preferem ter o produto imediatamente a ter que pagar pelo frete e esperar a entrega se concretizar."

Continue fazendo perguntas e se esforçando. Esse trabalho de detetive é importante.

Não é divertido? Você começou com 30 tópicos, expandiu para 40 afirmações de valor e então se interrogou e se questionou ainda mais. Talvez você esteja diante de 60 afirmações ou mais.

Eu nunca tive um cliente que não encontrasse mais ouro depois desse interrogatório. Algo de valor sempre aparece.

Quanto mais ouro houver à sua frente, mais poderosos poderão ser seus três minutos. Agora, considerando tudo que você tem a sua frente (desta vez, de verdade), vou lhe mostrar como filtrar todas as informações e chegar às 25 afirmações que comporão seu pitch de 3 minutos. Esse filtro o ajudará a decidir se algo está informando seu público ou tentando engajá-lo. Regra muito importante: você não conseguirá se engajar com seu público enquanto não lhe der informações. As pessoas precisam conceituar antes de contextualizar; precisam contextualizar antes de efetivar.

Agora é que vamos começar a nos divertir.

ESCREVA SUA *LOGLINE*

Após fazer perguntas do tipo "Não entendi" e ver as respostas simplificadas diante de si mesmo, você poderá colocar o elemento mais valioso de sua oferta em uma única frase. Na área de mídia e entretenimento, isso se chama *logline*.

Vejamos o *The Biggest Loser*, o mais bem-sucedido programa que minha empresa produziu. Ele foi vendido ao presidente da rede em uma festa do Super Bowl, começando com apenas esta *logline*: "Os competidores com excesso de peso competem para ver quem perde mais peso; o vencedor é o maior perdedor (*biggest loser*)".

Isso se encaixaria facilmente no antigo limite de 140 caracteres do Twitter. Você consegue criar uma versão para o Twitter de sua ideia? Tente refiná-la em até 140 caracteres (não nos 280 agora permitidos).

É aqui que você começa a ver suas informações em termos de **preciso dizer** em vez de **quero dizer**.

Será que consegue chegar a uma *logline* tão concisa e informativa quanto a do *The Biggest Loser*?

Entre em meu site, 3minuterule.com [em inglês], e coloque as palavras de seus post-its na caixa fornecida. Eu lhe enviarei minha *logline* e você poderá compará-la com a sua.

Não se preocupe se não conseguir. Tive clientes que passaram dias aperfeiçoando sua *logline*. E ela continuará evoluindo à medida que avançarmos nos próximos capítulos.

Há mais coisas em sua história   73

6

Informação e engajamento

"Pessoas confusas não compram nada" é um conceito bem conhecido do livro *As armas da persuasão*, de Robert B. Cialdini (1994). Quando você simplifica o processo para as pessoas, aquelas que poderiam estar confusas não ficam mais, e aquelas que entenderam instantaneamente sentem que suas suposições foram confirmadas.

Sem dúvida, o erro número um que vejo é misturar **informação** com **engajamento**. É um erro muito fácil de cometer e torna o pitch e a apresentação muito mais difíceis e menos eficazes do que deveriam ser.

Seu objetivo no pitch de 3 minutos é informar e *depois* engajar.

Pense nisso como um quebra-cabeça. Você tem todas as peças, e agora vamos juntá-las para criar uma imagem perfeita.

Continuemos com a metáfora do quebra-cabeça por um momento:

Se você já montou um quebra-cabeça, sabe que a primeira coisa a fazer é despejar todas as peças sobre a mesa. Depois, esvazia a caixa e verifica se todas as peças estão ali. Você já deve ter adivinhado que essas peças representam suas afirmações de valor. Com um quebra--cabeça, o próximo passo (a menos que você seja uma dessas pessoas estranhas que fazem as coisas de um jeito diferente) é separar as peças e encontrar as de canto e borda. Depois de separar essas peças, você constrói a moldura do quebra-cabeça. Feito isso, preenche o contorno com todas as peças do meio, o miolo do quebra-cabeça. E *voilà*, a imagem está completa.

É exatamente isso que vamos fazer. Vamos pegar suas afirmações e separá-las em peças de borda e de miolo. Chamo isso de "balde de engajamento" e "balde de informação".

Você se lembra da lista de tópicos de um cliente que eu apresentei no fim do Capítulo 2 (p. 40), perguntando se você poderia descobrir o que ele fazia? Aqui está a história dele; veja o quão perto você chegou só com os tópicos.

Consertando o pitch de um encanador

Jeff era pai de um colega de escola do meu filho mais novo. Nós nos encontrávamos, talvez, três vezes por ano, nos eventos da escola. Quando reservei uma aventura de heli-esqui de cinco dias e um de meus amigos cancelou em cima da hora, minha esposa disse: "Acho que o marido de Kinder, Jeff, esquia". Duas semanas depois, lá estávamos nós, juntos, embarcando em um ônibus para uma viagem de três horas rumo à natureza selvagem da Colúmbia Britânica.

Jeff e eu nos sentamos lado a lado no ônibus e, assim que os pneus começaram a rodar, engatamos uma conversa.

Eu sabia que Jeff fazia algo relacionado a encanamento, mas não sabia bem o quê. Então perguntei o que ele fazia.

"Acho que você diria que eu tenho uma empresa de serviços hidráulicos, mas não é bem hidráulica, é mais uma empresa de serviços relacionados a encanamento, mas de recanalização de casas", disse ele.

"Não entendi. Como assim?"

Jeff começou a falar sobre tubos de cobre, depois sobre tubos PEX (um tipo de plástico), depois de encanadores terceirizados e seu SAC, e de como seus vendedores ofereciam o serviço e ele contratava encanadores terceirizados, mas eles tinham que ser certificados para recanalizar... e as rodas do ônibus girando e girando...

Foi uma longa viagem, e parecia que a resposta de Jeff à minha simples pergunta sobre seu trabalho continuaria até chegarmos ao nosso destino.

Jeff era extremamente bem-sucedido em seu negócio de recanalização. Muito bem-sucedido mesmo. No entanto, ele continuava insistindo em "pontos de estrangulamento" que retardavam seu incrível processo.

Havia uma frustração na voz de Jeff que eu já ouvira muitas vezes antes. Ele conhecia sua empresa e sabia exatamente por que era tão valiosa. Eu podia ver a exasperação escrita em seu rosto enquanto ele lutava para explicar no que realmente consistia seu negócio. Esse é um sentimento muito comum; seu principal valor e seu produto eram claros para ele, mas as pessoas pareciam não entender.

Havia tantos elementos naquilo que formava sua empresa que Jeff parecia não conseguir controlá-los ou expressá-los com rapidez suficiente. Ele se corrigia o tempo todo ou explicava diferentes elementos com "Mas nós também", "Ah, mas temos um jeito de consertar", "E também podemos fazer isso" e "Ninguém mais faz isso além de nós".

Havia tanta coisa importante a dizer que ele não conseguia decidir o que falar, quando falar, e em que ordem. Era uma mistura clássica de muitas informações e nenhuma noção de como organizá-las. A fala de Jeff era uma confusão completa.

Mas não foi de todo ruim. Várias vezes durante a viagem eu disse: "Uau, esse é um ótimo modelo de negócios", mas a explicação de Jeff era tão confusa e detalhada que pude ver com clareza por que ele não conseguia convencer as pessoas. Suponho que era porque a maioria de seus clientes não ficava presa em um ônibus por três horas com ele.

A certa altura, Jeff disse: "Minha esposa disse que você ajuda as pessoas a apresentar ideias. Você acha que preciso disso?".

Informação e engajamento   77

Eu não conhecia Jeff o suficiente na época para saber se ele estava falando sério ou sendo sarcástico. E o mais importante era que eu não o conhecia o suficiente para saber se ele poderia lidar com a verdade.

"Você tem muita coisa aí, e coisas incríveis. Vou pensar em algo e te conto depois."

Passei aquela noite debruçado sobre meu notebook, navegando pelo site da empresa de Jeff e por seu material de marketing. Seus comerciais curtos eram desprovidos de informações relevantes e seu site era repleto de detalhes. O verdadeiro valor do que sua empresa oferecia ficava completamente perdido.

Logo fiz o exercício de organizar as informações principais em mais ou menos 20 tópicos. Depois, categorizei-os pelo método OCTC. Pareciam bons e bastante claros. Então, expandi cada tópico em uma afirmação:

- Empresa de encanamento *tornou-se* Somos uma empresa de encanamento de alcance nacional.
- Recanalização de residências *tornou-se* Somos especialistas em recanalização de residências.
- Problemas de água *tornou-se* A recanalização resolve a maioria dos problemas de água.
- Conserto *tornou-se* Consertamos os furos dos canos.
- Sem grandes reformas *tornou-se* Pegamos o que costuma ser uma grande reforma e a tornamos menor.

E assim por diante.

Eu tinha cerca de 30 frases anotadas em seis páginas. Quando consegui ver todas as afirmações de valor, pude ver a história de Jeff ganhando vida.

Na manhã seguinte, antes de chegarmos às encostas, contei a ele:

"Tenho uma coisa para você que vai te deixar louco."

E, com isso, fomos para a neve.

A situação de Jeff é uma das mais comuns que encontro: negócios inteligentes, interessantes e valiosos se esforçando para passar sua mensagem de uma maneira que as pessoas entendam.

Você deve estar vivendo algo semelhante. Conhece seu valor e os elementos mais importantes e exclusivos de seu negócio, mas tem dificuldade para explicá-lo e não sabe em que ordem colocar as informações e como fazer com que todos as entendam.

Depois do jantar, naquela noite, eu disse a Jeff: "Passei muito tempo analisando o que sua empresa faz e a razão de ser ótima. Quero te mostrar o que eu criei".

Havia vários outros grupos de esquiadores nessa viagem de cinco dias, então, chamei um rapaz de outro grupo e pedi a Jeff que explicasse o que sua empresa fazia e por que era tão boa.

O sujeito se aproximou, e Jeff começou falando sobre sua experiência em recanalização, e então citou uma série de fatos e declarações. Não foi um tédio nem uma grande complicação, mas não havia padrão ou fluxo. Nada que conectasse tudo e contasse uma história.

Nosso novo amigo, sentado à nossa mesa, foi educado e fingiu interesse. Trocamos mais algumas gentilezas e então a conversa se transformou em algo completamente diferente.

"Observe", disse a Jeff.

Chamei outra esquiadora que tínhamos conhecido naquele dia.

"Kelly, acabei de descobrir o que Jeff faz da vida e achei fascinante. Queria ouvir sua opinião. A empresa dele faz recanalização de casas. Eles recanalizam a casa inteira, todas as instalações. Sabe o que é curioso? Quando recanalizam a casa, eles deixam os canos antigos exatamente onde estão."

"Sério? Como eles fazem isso?", perguntou Kelly, inclinando-se mais perto.

"Eles têm uns canos novos de plástico flexível que instalam por dentro e ao redor das paredes e os conectam a todas as torneiras. Simples assim, encanamento novo na casa toda."

"Nossa, que inteligente! Nunca tinha pensado nisso."

"Quer saber a melhor parte?", prossegui. "Eles enfiam esses tubos plásticos através de pequenos buracos na parede e no teto. Não precisam quebrar nada."

"O quê?", disse Kelly. "Está brincando! Eles não arrancam o drywall para chegar atrás das paredes e tal?"

"Não. Na verdade, eles recanalizam toda a casa em apenas um dia, e remendam todos os buraquinhos para não deixar bagunça nem quebradeira. Você nem percebe que eles estiveram lá. O que sempre foi uma grande reforma eles transformam em uma reforminha. Você nem precisa sair de casa enquanto eles trabalham. Jeff me disse que fez um hotel inteiro ainda em funcionamento. Eles ficavam hospedados em uma suíte diferente a cada dia e os hóspedes nem desconfiavam. Até usavam roupas normais no saguão, para não parecerem operários."

"Nossa, incrível!", exclamou Kelly. "Como você conecta o cano novo na instalação antiga?"

"Sim, Jeff, como você faz isso?", disse eu, sorrindo.

Jeff respondeu a essa pergunta, que provocou mais perguntas e mais interesse. Havia animação em nossa mesa. Logo outro grupo de esquiadores apareceu para ouvir a conversa.

Kelly disse ao novo público:

"Jeff tem uma empresa que pode recanalizar toda a sua casa em um dia, inserindo uns tubos flexíveis através de pequenos orifícios nas paredes. Eles deixam os canos antigos no lugar e os novos passam a funcionar."

"Brilhante!", exclamou outro. "Os tubos plásticos são tão fortes quanto os de cobre?"

Jeff respondeu a essa pergunta, e a coisa esquentou. Nos 30 minutos seguintes, ele respondeu a mais perguntas e falou sobre sua empresa e como ela funcionava. A certa altura, devia haver umas 15 pessoas reunidas ali.

Depois que tudo acabou, Jeff disse, encantado:

"Como diabos você fez isso tão rápido?"

Eu respondi que a maioria dos problemas dele (senão *todos* os problemas) se devia ao fato de ele colocar os elementos do pitch na ordem errada. Ele só precisava ter um roteiro para o público.

Expliquei como um público conceitua, contextualiza e efetiva as informações, e que é importante fornecê-las nessa ordem básica.

A chave foi identificar as afirmações sobre a empresa que informariam o público e também as informações que o envolveriam.

Depois de informar aos ouvintes o conceito básico, de fazer com que se interessassem pela coisa e entendessem como ela funcionava, todos os demais detalhes sobre o que a empresa fazia e como fazia tornaram-se pontos de engajamento.

Havia mais 32 esquiadores hospedados no chalé naquela viagem e, ao fim dos cinco dias, todos haviam ouvido o pitch de Jeff, e ele pôde ver com que rapidez as pessoas entendiam suas informações. Havia pelo menos uma dúzia de empresários e empreendedores lá que nos viram dissecar e reagrupar suas informações. Quando a semana terminou, eu havia ajudado uma papelaria, uma empresa de logística, uma construtora de casas personalizadas, um terapeuta clínico, o proprietário de uma loja de heli-esqui, o administrador de uma propriedade e um corretor de imóveis. Adorei cada minuto. Mas dissecar o valor e os diferenciais de um planejador financeiro holandês enquanto estávamos nus na sauna foi uma experiência que não esquecerei tão cedo.

Foi um ótimo exercício para mim, porque notei que durante todo o processo eu fazia a Jeff e aos outros as mesmas perguntas que havia feito a meus clientes de empresas de 2 bilhões de dólares. O que você faz de diferente, que é único, que é mais valioso? As declarações eram sempre diferentes, mas o padrão e o fluxo das informações eram sempre os mesmos. Nós categorizávamos as informações com o OCTC, dividíamos todas as afirmações e as separávamos nos baldes de informação ou de engajamento, e a história começava a surgir.

Informação e engajamento 81

ANTES E DEPOIS

O grande roteirista Aaron Sorkin, vencedor de um Oscar, me disse certa vez: "O pior erro que você pode cometer é dizer ao público algo que ele já sabe".

Depois de categorizar seus tópicos segundo o OCTC e os expandir, queremos criar sua história e seu pitch de 3 minutos decidindo o que deve ser dito em primeiro lugar, em segundo lugar e nunca. Para fazer isso, usaremos o jogo do antes e depois.

Quando trabalho com meus clientes, costumo imprimir ou escrever em fichas cada afirmação de valor. Então, jogamos esse jogo. Eu embaralho as fichas e as distribuo aleatoriamente na mesa. Começando com qualquer afirmação, pergunto:

"Que informações alguém precisaria saber logo antes desta e quais gostaria de saber logo após esta?"

Isso se torna um rápido vaivém à medida que o cliente vai falando sobre sua proposta. Ele examina suas informações e logo vê algumas coisas óbvias. Essas declarações se conectam. É como encaixar duas peças de um quebra-cabeça.

Analise suas afirmações e procure por antes e depois óbvios. Junte as afirmações que obviamente se conectam. Você verá que algumas delas irão para a frente da fila, e, mais importante, verá que algumas continuarão se amontoando cada vez mais no fim.

Além dos fáceis, como "Sou um personal trainer" ou "Investimos em empresas farmacêuticas" – que fazem parte do básico "O que você faz?" –, observe atentamente os detalhes que estão escondidos em suas informações.

Por exemplo, Jeff diz: "Você pode ficar em casa enquanto o trabalho é feito"; essa é uma ótima afirmação de valor, mas podemos ver que muitas outras informações precisam ser dadas primeiro para chegarmos a isso. A pergunta é: "Por que você pode ficar em casa?". A resposta é "Porque eles não fazem sujeira", o que leva a outro motivo: "Por que não fazem sujeira?". "Porque só fazem furos pequenos." E assim você vê a estrutura começar a se formar.

Analise suas afirmações uma a uma e comece a conectar as que se encaixam naturalmente. Para descobrir o que vem a seguir, pergunte: "Como posso fazer isso?", ou "Por que isso é importante?", ou "Como isso

82   O pitch de 3 minutos

funciona?". Pergunte também: "E depois, o que acontece?", e encontre as afirmações que virão a seguir. Comece a organizá-las como um quebra-cabeça em ordem linear. Você as verá se conectarem. Algumas delas ficarão isoladas em uma ilha e outras serão uma amostra do que vem primeiro ou depois. Tudo bem, em breve você verá como conectar todas e preencher as lacunas.

O importante é organizar o máximo de afirmações possível.

O que você notará é que algumas precisarão de muitos "antes" para serem relevantes. Essa é uma indicação clara de que se trata de uma "afirmação de engajamento".

Você sabe que suas informações e afirmações de engajamento estão misturadas quando seu público fica interrompendo para fazer perguntas no meio do caminho, ou se avançam e tiram conclusões cedo demais, ou se pedem que você repita os pontos já abordados porque não entenderam.

As perguntas dos ouvintes normalmente são um bom sinal e indicam o nível de interesse deles, mas não é bom que elas sejam feitas por confusão ou impaciência.

Você já apresentou algo e teve que dizer: "Sim, já vou chegar lá"? Ou, no meio do pitch, saiu pela tangente e não voltou ao resto da apresentação? Em 99,9% das vezes, isso acontece porque você usa as informações de engajamento cedo demais.

O pior é quando essa confusão é muito sutil. O público não o interrompe, não faz perguntas fora de ordem nem fica confuso porque já descartou suas informações. Ouço clientes dizerem depois de uma apresentação: "Foi muito bom. Eu achei que os ouvintes estavam acompanhando tudo, mas, no final, pareceu que não haviam entendido". Puxa, sei como é isso. É o fruto da mistura de ideias de engajamento em seu pitch no momento em que você precisa dar informações, o que enfraquece o efeito geral.

Agora, temos que enfrentar algumas decisões difíceis sobre suas informações. Tudo isso não pode entrar nos três minutos. Está na hora de fazer alguns cortes.

7

Seus três minutos essenciais

É hora de pegar algumas de suas afirmações de valor e deixá-las de lado. Elas não farão parte dos três minutos. Não que não sejam valiosas ou importantes, mas só podem atingir o valor máximo *após* os seus três minutos. Nos primeiros três minutos você não diz tudo o que tem a dizer; diz apenas o que precisa ser dito.

Seu objetivo é chegar às 25 afirmações que sejam claramente as mais informativas. Em cada categoria OCTC há declarações que só serão eficazes depois que seu público tiver compreendido bem e tiver todo o contexto necessário. Você precisa estar preparado para reservar algumas de suas afirmações favoritas para depois dos três minutos.

Com um pouco de prática e confiança, isso se tornará natural e óbvio. Você será capaz de analisar um pitch, separar todos os elementos e instintivamente destacar o essencial. Bem, talvez eu deva dizer "com muita prática", porque, às vezes, até para mim isso ainda é difícil.

Existe uma razão de a "versão do diretor", em 99,9% dos filmes, ser apenas uma variante mais longa e menos agradável. Existe também uma razão para que tão poucos diretores consigam mostrar essa versão. É porque os diretores (eu inclusive) ficam tão próximos de suas criações que perdem a objetividade. Ficamos apegados às nossas informações. Você deve ser apaixonado por suas informações, mas não apegado a elas.

Um bom diretor sabe como usar só as cenas suficientes para conectar a história e deixar o público preencher o resto.

Um diretor amador filma uma cena e a edita assim:

> Gary, ao telefone. Surge um olhar zangado em seu rosto.
>
> Close no telefone quando ele desliga.
>
> Gary vai depressa à cozinha.
>
> Pega as chaves do carro na bancada.
>
> Entra no carro.
>
> Close nas chaves entrando na ignição.
>
> Ele dá a ré.
>
> Sai cantando os pneus.
>
> Segura o volante com força enquanto dirige.
>
> Para o carro na entrada da garagem.
>
> Bate a porta do carro ao descer.
>
> Irrompe na varanda da frente.
>
> Bate na porta.
>
> Angela abre a porta.
>
> Olhar surpreso: "Gary, você não deveria estar aqui!".

Um bom diretor filma a mesma cena, mas a edita assim:

> Gary ao telefone; surge um olhar zangado em seu rosto.
>
> Ele pega as chaves do carro na bancada.
>
> Angela abre a porta.
>
> Olhar surpreso: "Gary, você não deveria estar aqui!".

Um bom diretor sabe que o público encaixará as peças, e confia nisso. Você não precisa mostrar Gary dirigindo, pois acabou de mostrá-lo pegando as chaves do carro. Não precisa mostrá-lo batendo na porta; Angela simplesmente a abre. Sempre digo que sua história "de A a Z" não precisa ter todas as letras do alfabeto no meio.

É importante respeitar seu público e o conhecimento que ele possui. Muitos clientes pensam, erroneamente, que simplificar a mensagem significa "mastigar" todos os pensamentos e detalhes para o público. "Simplificar" não é subestimar a inteligência de seu ouvinte; na verdade, é exatamente o oposto.

Eu falo muito sobre **público sofisticado**. Digo que as duas perguntas mais importantes que você precisa se fazer antes de criar um pitch ou apresentação são:

1. Que conhecimento meu público já possui? (Lembra-se de Aaron Sorkin?)
2. Como eles vão racionalizar para tomar uma decisão?

Dizer a seu público coisas que ele já sabe é um péssimo hábito. Isso mostra, de forma sutil, uma falta de respeito pelo tempo e pelo intelecto das pessoas.

Eu sei que não é fácil

Nossa empresa estava trabalhando em um novo programa chamado *The Secret Life of Kids* para a NBC. Eles queriam um programa divertido para a família, de variedades, e haviam solicitado propostas a várias produtoras. Nós já tínhamos filmado uma dúzia de cenas para nossa demo, e o processo de edição durou pelo menos duas semanas. Estávamos no ponto em que precisávamos começar a construir o pitch para a rede de TV.

Fomos aos post-its.

O programa parecia bem claro, e todos que viam os post-its conseguiam entender aonde queríamos chegar. (Você pode não saber nada sobre o programa, nem ganhar a vida com TV, mas aposto que entenderia a ideia por trás desses 19 post-its.)

Enquanto fazíamos o OCTC e expandíamos nossas afirmações de valor, eu procurava um jeito de cortar a demo. Estava com 12 minutos.

Meu editor e o produtor disseram que a demo final provavelmente teria cerca de nove minutos. Na época, meus pitches de três minutos estavam no auge, funcionando muito bem, mas achei que aquele poderia ser diferente. Não se tratava de um simples pitch para um programa de TV; era uma apresentação completa de um conceito completo, no qual havíamos gastado uma quantidade incrível de tempo e de recursos. Como tínhamos 14 cenas e sete páginas de narração, achei que aquele pitch justificava o tempo a mais. Perguntei se eles poderiam reduzir a demo para seis minutos. Eles me olharam como se eu tivesse ficado louco.

Quatro dias depois, eles chegaram a 6:21. "É o máximo que pudemos cortar, e acho que perdemos muita coisa", disse o editor. Eu assisti. Estava bom, mas ainda achava que era mais do que precisávamos.

Copiei as palavras e frases dos post-its e as entreguei ao editor. "Isto é tudo que quero dizer. Não mais que cinco minutos." Claro que ele não ficou nada entusiasmado.

Três dias depois, estava com 5:12.

"OK, mas ainda não é o que eu quero. Vamos tentar de novo. Quero que fique com menos de três minutos. Estou falando sério. Nem um segundo a mais que três minutos."

Dessa vez, quase pude sentir que um motim estava se formando. Mas fiquei firme.

Não foi fácil. Havia cenas inteiras, que tínhamos passado dias filmando, que não teriam espaço. Imagine como é difícil cortar algo quando você já pôde ver na tela, filmado e editado, e de repente ter de jogar fora. É por isso que entendo a dor de meus clientes quando lhes digo para cortarem ideias e materiais que passaram anos criando.

Enquanto a equipe de edição lutava com o vídeo, decidi fazer o mesmo com o material impresso. Havíamos feito uma apresentação com 27 telas de PowerPoint sobre o programa. Eu disse: "Não, não quero mais de sete slides".

Três dias depois, enviamos para a rede uma demo de 2:58 e uma apresentação de sete slides. A NBC comprou o programa.

Filmamos cenas que custaram pelo menos 20 mil dólares e nunca as mostramos ao canal. Não importa quanto você goste de suas informações ou quanto tenha investido nelas; a única coisa que importa é o que é realmente útil.

Bem, não posso afirmar que eles compraram o programa justamente porque a demo tinha apenas três minutos, e que isso não teria acontecido se o vídeo tivesse nove minutos de duração. Talvez a ideia fosse suficientemente boa para que eles a comprassem, mesmo com um pitch medíocre.

O que posso dizer com certeza é que, desde esse dia, nunca mais fiz uma demo com mais de três minutos. Nem uma única demo. Estou falando dos 500 pitches seguintes de minha carreira; nenhum deles com mais de três minutos. Nenhuma apresentação que fizemos teve mais de dez slides no total.

Fale menos, consiga mais.

Eu sei que dói, mas sempre dá para cortar mais.

Mais um OCTC

Faço isso há tanto tempo e ainda me vejo apegado às minhas informações. Acho que quando chego a esse estágio de criação de um pitch ou apresentação, preciso dar um passo atrás e me assegurar de seguir meus próprios conselhos.

Enquanto escrevia este livro, tive que recorrer a meus post-its para finalizar a primeira redação. O livro estava pronto, mas editá-lo para se transformar no que acabaria sendo enviado à editora exigia esse passo crucial.

Portanto, como exercício final para ajudar a fixar suas 25 afirmações de valor essenciais, quero que você as passe de novo pelo filtro OCTC.

Desta vez, observe o valor específico que cada parte do filtro OCTC possui na apresentação geral.

O – O que é?: **50%**. Seu conceito essencial – e a capacidade de fazer com que o público entenda os elementos fundamentais da mesma maneira que você – é *metade* da batalha.

C – Como funciona?: **30%**. Se eles entenderem como você chegou ao seu conceito fundamental e como ele funciona, já terá percorrido mais de três quartos do caminho.

"O quê?" e "Como?" representam 80% da decisão de compra do público. Se eles entenderem o conceito e o valor que você expressou, estarão ansiosos para verificar e se engajar. Eles vão querer que dê certo.

T – Tem certeza?: **15%**. Os fatos e números que fundamentam ou verificam sua oferta representam só uma pequena parte da decisão de compra. Se você convenceu seu público sobre "O quê?" e "Como?", a efetivação com entusiasmo ou otimismo torna-se, na verdade, uma peça do quebra-cabeça menor do que você imaginaria.

C – Consegue fazer?: **5%**. Esta é a menor parte. Dependendo do valor que você conseguiu criar nas perguntas acima, a resposta a esta pode ser quase irrelevante. No caso de *The Biggest Loser*, por exemplo, o produtor com a ideia original não estava preparado para fazer um programa tão grande ou complexo. Mas a rede de TV gostou tanto do conceito e do potencial do programa que resolveu o problema contratando minha empresa para produzi-lo fisicamente. E isso não estragaria o processo, porque eles já haviam percorrido 95% do caminho.

Quanto mais forte forem suas informações e seu valor, menos importante será o "Consegue fazer?".

Portanto, quando você for cortar algumas afirmações para compor a lista final de três minutos, observe a quantidade de itens em cada categoria OCTC.

Use isto como um guia:

O – O que é?: nove afirmações – 1:30
C – Como funciona?: sete afirmações – 1:00
T – Tem certeza?: seis afirmações – 0:20
C – Consegue fazer?: três afirmações – 0:10

Não seja literal demais

Ao analisar as perguntas do OCTC, não as interprete muito literalmente. São os temas e os valores que importam, não as descrições literais.

Sua tarefa é examinar essas perguntas e descrições, entender o nível de importância de cada uma e depois combiná-las naquilo que você vai propor. Qual é o elemento mais valioso e convincente de seu pitch? Eis o seu "O que é isso?". Acho que essa é a área na qual meus clientes mais se enroscam quando usam o OCTC para montar apresentações: às vezes, são literais demais na interpretação das perguntas.

Vale a pena examinar alguns exemplos para ajudar você a se sentir mais à vontade com isso.

Lembra-se de David e da companhia de petróleo que poderia continuar perfurando mesmo a um preço baixo? A capacidade da empresa de garantir e manter o serviço e perfurar em vários lotes, mesmo sob os preços flutuantes do petróleo, era valiosa e importante. Eles podiam continuar perfurando mesmo que o preço do petróleo caísse para 32 dólares o barril. Na época, o barril estava em torno de 39 dólares, e o pânico era generalizado, porque as empresas de todo o estado estavam ociosas. Nesse caso, a resposta para "O que é isso?" não era "Uma empresa que perfura poços de petróleo".

Na apresentação de David, o núcleo do "O que é isso?" foi: "Somos uma empresa de exploração de petróleo que pode continuar perfurando mesmo a 32 dólares o barril". E parte do "Como funciona?" foi respondida com: "Este lote de terra possui depósitos 30% mais densos do que o originalmente mapeado, e as camadas de sedimentos não requerem suporte adicional nem poços de alívio". Para um público que conhece o ramo e está interessado em investir em petróleo e combustível, isso representa 80% do processo de compra. O "Consegue fazer?" mostrou que a empresa não esteve envolvida em nenhum incidente ambiental grave e que os contratos de arrendamento eram certificados. Responder a essa pergunta foi como dizer ao público: "Não há nada fora do comum que nos impeça de fazer o trabalho que já fazemos há anos".

Vejamos outro exemplo para entender como funciona a estrutura do OCTC e por que o que interessa é o que contém valor, não as descrições literais.

Nos anos 2000, Mark Burnett era o maior produtor de reality shows do mercado. Ele tinha *Survivor* e *O aprendiz* no ar como os programas número um e dois no ranking. Seu sucesso lhe rendeu o status de produtor-celebridade.

Não havia um canal que não desejasse receber um pitch de Mark Burnett. Ele tinha mão boa, e ninguém no ramo de reality shows havia visto algo como aquilo.

Mark teve uma nova ideia. Chamava-se *Pirate Master* e era como *Survivor,* mas em um navio pirata. O último a ficar no navio ganhava o tesouro.

Veja como ficou o filtro OCTC desse programa:

O elemento mais valioso e importante *não era o programa*. Mark Burnett estava no topo da cadeia alimentar. Ele era o primeiro produtor-celebridade de reality shows. Ele criava coisas com formatos internacionais e com conteúdo de marca que ninguém nunca havia pensado. E também tinha dois grandes sucessos no ar. Todo mundo queria seu próximo grande projeto.

Então, qual você acha que era o elemento mais valioso da nova ideia dele?

Para o **O – O que é?**, a resposta foi: "É a mais recente ideia de Mark Burnett e ele acredita que será a próxima sensação global". Esse era, de longe, o elemento mais importante. E, de fato, foi a resposta. Os primeiros 90 segundos do pitch foram de Mark dizendo ao comprador o quanto ele acreditava no projeto, como ele sabia criar uma fórmula vencedora e como aquele seria seu maior programa até então. Ele não precisou pronunciar uma palavra sobre o que era o programa ou como funcionava.

Consegue entender? O elemento mais importante do programa era que o produtor número um do mundo acreditava que aquele seria seu próximo sucesso. Essa era a coisa mais importante a conceituar para o comprador. Mark Burnett acreditava no programa.

O C – Como funciona? não foi "Como o programa funciona?", e sim "Como Mark Burnett ficou tão animado com essa ideia?". Ele explicou que era um programa do tipo *Survivor*, mas com concorrentes interpretando piratas e disputando um tesouro. Sem dúvida, a rede ficou pelo menos 80% convencida.

T – Tem certeza? Nesse caso, os fatos e números que validavam ou confirmavam a ideia continham alguns elementos do formato do programa (16 concorrentes; um navio de verdade; um eliminado a cada semana; prêmio de 1 milhão de dólares). Você deve estar pensando: mas seria importante saber como o programa funciona, não? Na maioria das vezes, sim; nesse caso, porém, os elementos eram só uma validação de que o programa tinha substância. No máximo, equivaliam a 15% aqui.

C – Consegue fazer? Nessa parte, Mark disse que estaria disponível para supervisionar a produção e que já sabia onde queria filmar.

O programa foi vendido imediatamente, e Mark produziu 14 episódios para a CBS. Esse é um exemplo extremo de como você não precisa usar as perguntas OCTC literalmente.

Seja bem criativo na interpretação dessas perguntas. Isso não apenas o ajudará a manter o foco nos elementos mais valiosos, como tornará mais claros a ordem das informações e o fluxo de sua apresentação.

Mas o mais importante é que, com isso, fica mais fácil fazer os cortes finais – e logo você estará com as 25 afirmações de valor essenciais que comporão seu pitch de 3 minutos.

Nos próximos capítulos, acrescentaremos todos os elementos que darão vida a seu pitch ou apresentação. Mas, antes, vamos fazer outro teste muito divertido.

O TESTE DO ALARME DE INCÊNDIO

Este é um ótimo exercício que uso com meus clientes quando começamos a filtrar suas afirmações de valor. Imagine que você esteja em uma reunião apresentando-se para um público. Aos três minutos de seu pitch, bem quando você ia terminar, o alarme de incêndio dispara. A sala é evacuada e todos são conduzidos à rua. (Isso aconteceu comigo na MTV, uma vez.)

Agora, faça a si mesmo três perguntas:

1. As pessoas gostariam de voltar e ouvir mais?

2. Se eu não puder voltar, elas já têm informações suficientes para tomar uma decisão, ou há algo mais que preciso dizer?

3. Se elas explicassem meu pitch ou proposta a outra pessoa, o que diriam?

É importante ser imparcial, principalmente na pergunta número dois. Encontro muitas pessoas ainda apegadas àquilo de importante que estão construindo. Elas acham que uma grande revelação ou um momento eureca guardado para o fim pode ajudar.

Elas não leram os capítulos anteriores deste livro, mas você leu, e é por isso que passo esse exercício logo no início para um novo cliente. Não quero que guardem algo para depois.

Quando estiver satisfeito com suas respostas e tiver ajustado tudo, quero que faça o exercício de novo. Dessa vez, porém, cronometre sua apresentação e interrompa-a após dois minutos. O alarme de incêndio dispara. Mesmo cenário.

O que você pensa a respeito do que foi cortado? Qual parte foi cortada? O que pensa sobre o que o público não ouviu? Sua mensagem ainda ecoa? As pessoas gostariam de voltar e ouvir mais? Elas poderiam explicar tudo se alguém perguntasse: "Ei, que pitch foi aquele antes de o alarme de incêndio disparar?"?

Mais uma vez, tente ser imparcial. Talvez você perceba que usou boas sacadas ou frases divertidas que adora, mas que deixou para depois algumas informações relevantes e o alarme de incêndio estragou tudo.

Eu ainda luto com isso. Gosto de frases e detalhes inteligentes. Gosto de guiar meu público e, às vezes, tenho que recuar e prestar atenção para ver se só estou acrescentando banalidades.

No momento, estou no meio de um grande pitch sobre um programa de jogos que testa a capacidade dos competidores de relembrar informações instantaneamente. Em meu pitch de proposta, estou morrendo de vontade de falar sobre como o cérebro processa a memória e o que ele considera importante. E tenho uma ótima fala sobre "Você não tem ideia de quanta coisa realmente sabe". Mas isso está retardando minha explicação sobre como o jogo funciona, e, se o alarme de incêndio disparasse em dois minutos, meu pitch não seria tão forte. Então, reorganizei o pitch para colocar mais coisas na frente.

Agora, repita o exercício com um minuto de pitch. Obviamente isso não é tempo suficiente para apresentar sua ideia, mas analise seu primeiro minuto: ele faria alguém voltar para ouvir mais? A resposta tem que ser sim, senão, você precisa ajustá-lo.

Dê uma nova olhada em sua *logline* versão Twitter (p. 73). Já reajustou?

Esses exercícios ajudarão você a finalizar a ordem de suas informações. Em um mundo de oito segundos de atenção, captar e reter a atenção do público por três minutos inteiros é uma façanha hercúlea.

Muitas pessoas pensam, de forma errada, que um pitch de 3 minutos apenas condensa uma explicação extensa em três rápidos minutos. Não, a maior parte de tudo que você já fez aqui neste livro é aprender a criar três minutos suficientemente impactantes e interessantes para transmitir sua mensagem da maneira mais eficaz. A questão é manter seu público focado por tempo suficiente para você criar o desejo nele.

Já ouvi centenas de pitches que fizeram três minutos parecerem uma dolorosa eternidade. O tempo é uma ferramenta; ele não substitui o conteúdo.

8

O gancho

Uma história precisa de um gancho. Uma música precisa de um gancho. Um filme precisa de um gancho. Seu pitch de 3 minutos precisa de um gancho.

O que é um "gancho"?

É aquela coisa ou elemento de uma ideia ou história que faz você dizer: "Ah, que legal".

"Legal" é a palavra perfeita para essa sensação de aceitação, compreensão e aprovação.

Agora, se o gancho é algo engraçado, algo relacionado ao preço, algo de vida ou morte ou emocional, não importa. No contexto, o que você quer é o "Que legal".

Você tem um gancho. Você tem algo que faz alguém que sabe tudo sobre sua empresa ou proposta dizer: "Ah, que legal".

Eu ensinei técnicas de pitch e apresentação a meu filho mais velho, e, para meu desgosto, ele as usa contra mim sempre que quer alguma coisa. Eu tenho um belo GTO Judge 1969 conversível vermelho-cereja, com o interior branco imaculado. E, quando meu filho vem até mim e pergunta se pode dirigi-lo, ele sabe argumentar de forma clara e concisa, e sempre usa seu gancho: "Você sabe que eu amo esse carro tanto quanto você, e eu nunca o decepcionei antes". Não digo diretamente "Ah, que legal", mas penso "Ele está certo". Sim, meu filho descreve o encontro ou o evento a que está indo e por que é importante para ele usar o GTO, mas ele sabe qual é o gancho – que ele ama o carro tanto quanto eu e nunca me decepcionou antes – para que eu diga sim.

Agora que você tem uma coleção de afirmações essenciais em uma ordem específica, deixe-me mostrar como encontrar e usar seu gancho como faz um roteirista de Hollywood.

Trabalhando com o San Francisco 49ers

Sempre fui fã do San Francisco 49ers, de modo que a chance de trabalhar com esse time e a NFL foi um grande momento para mim.

Em um de nossos primeiros projetos, Paraag Marathe (presidente do clube) e eu desenvolvemos um programa de TV no qual os chefs dos times da NFL competiam entre si em um concurso semanal de culinária. Depois de desenvolver o programa junto com a NFL, nós fizemos o pitch para as redes de TV. Não conseguimos vendê-lo, mas formamos uma amizade duradoura.

A primeira tarefa importante de Paraag quando ele virou presidente do time foi construir um novo estádio. Imagine tocar e entregar um projeto de quase 2 bilhões de dólares no norte da Califórnia. Não parece tão difícil, não é?

O antigo estádio do time, o Candlestick Park, estava literalmente desmoronando. Havia duas opções: construir um novo estádio ou mudar o time para outro lugar. Os donos, a família York, decidiram que nunca mudariam o time, de modo que era construir ou morrer.

A família conseguiu um dinheiro emprestado para construir, mas, para isso, teve que dar o time como garantia. Isso significava que eles perderiam o time se o estádio não fosse construído.

Entre todas as outras questões que tinha que resolver no que diz respeito à construção, Paraag também precisava arranjar um patrocinador principal e uma dúzia de outros fortes patrocinadores corporativos para financiar o projeto. Cada elemento exigia um novo pitch, uma nova apresentação e um novo gancho.

Quando você inicia a construção de um estádio, começa com nada além de desenhos e maquetes. É só uma teoria desenhada em papel bonito. Paraag precisava atrair patrocinadores fortes para o projeto, e rápido. A organização estava na fase da construção e ainda não havia encontrado o patrocinador para ceder os direitos de uso do nome. Essa era a grande meta, e a tensão e a pressão aumentavam a cada reunião do conselho. Era a prioridade número um.

Hora de começar a trabalhar criando um novo pitch.

O departamento de marketing esportivo das principais empresas ouve dezenas de pitches pedindo patrocínio para estádios, edifícios e campanhas publicitárias todos os anos. Como você verá nos próximos capítulos, entender "o que o público sabe" foi um fator crucial na construção da proposta para o estádio dos 49ers.

Os pitches eram claros, nítidos e continham apenas as informações mais relevantes e valiosas. O gancho para cada pitch era diferente. O pitch para a Time Warner ou a Verizon tinha um gancho levemente diferente do para a JetBlue ou a Honda.

O pitch para conseguir que a Levi Strauss colocasse seu nome no estádio foi clássico e simples. Todos os elementos e detalhes estavam claros quando submetidos ao método OCTC. Tamanho do estádio, número de assentos, exposição na mídia, retorno do investimento, sinalização. Essa era a parte fácil. Mas todas essas informações precisavam de um gancho para trazê-las à vida.

O gancho para a Levi's foi que a Levi Strauss foi fundada na época da Corrida do Ouro. É uma empresa da Califórnia. O mascote dos 49ers é um mineiro da Corrida do Ouro. É um time da Califórnia. Além disso, os logotipos da Levi's e dos 49ers tinham exatamente o mesmo tom de vermelho. Isso significava que todos os produtos e itens decorados ou pintados em todo o estádio, incluindo os uniformes dos jogadores, conteriam o vermelho da Levi's. As marcas nasceram uma para a outra.

"Ah, que legal!" Tínhamos nosso gancho, e é por isso que o estádio dos 49ers hoje se chama Levi's Stadium.

Mas Paraag e eu não havíamos acabado. A construção do estádio foi apenas o começo. Em seguida, Paraag teve que enchê-lo. E não estou falando de multidões de torcedores. Fiquei surpreso com a quantidade de negócios que um estádio deve gerar fora do time de futebol americano. Uma equipe da NFL joga em casa dez vezes por ano (mais alguns jogos, se houver playoffs). Não dá para sobreviver com um estádio vazio nos outros 355 dias. O time tem de vender assentos para altos executivos e pacotes corporativos por até 500 mil dólares ao ano para ter acesso a todos os eventos do estádio. O estádio precisa abrigar muitos eventos grandiosos, como shows de rock.

Boa parte do trabalho de Paraag era ajudar a fechar esses grandes eventos. Eu não tinha ideia de como isso era importante até que ele me perguntou sobre o período em que eu havia trabalhado para a World Wrestling Entertainment, mais conhecida como WWE, e para seu chefe, Vince McMahon.

O WrestleMania anual é um dos maiores eventos esportivos da América do Norte, perdendo apenas para o Super Bowl. Nenhum outro show ou evento chega perto. O que eu não sabia era que, a cada ano, os donos de estádios de todo o país fazem sua peregrinação anual a Connecticut para se encontrar com Mr. McMahon e a WWE e fazer um pitch (implorar, na verdade) pelo WrestleMania.

"Por quê?", perguntei a Paraag.

"O WrestleMania é simplesmente a maior atração para um estádio e uma comunidade, ponto final. A quantidade de dinheiro e público que ele atrai é inigualável."

Isso tudo era novidade para mim. Eu adorava a WWE quando era criança, e trabalhei com eles em uma fantástica série de competição que fizemos juntos, chamada *Proving Ground*. Fiquei surpreso com o alcance e a ferocidade do público deles. Em *Why I'm not...*, meu podcast, uma vez gravei um episódio sobre a WWE e seu poder de permanência no mercado hoje – até o momento, é o episódio mais bem cotado e mais ouvido do programa. Mas ver o presidente de um time da NFL agonizar ao montar um pitch para conseguir o WrestleMania era meio surreal.

Depois que entendi a importância daquilo, a verdadeira preocupação era a "promoção". Falarei sobre isso em detalhes mais tarde, mas há uma linha tênue entre ser apaixonado e ter um tom promocional. Um tom apaixonado é inspirador. Um tom promocional é assustador. Costumo dizer: "Quanto mais você foca no resultado desejado, e não em sua visão do projeto, maior será a probabilidade de trocar paixão por promoção". Se seu público conseguir farejar quanto você deseja a coisa, vai detectar seu desespero, e isso destruirá tudo que você construiu.

Eu poderia dizer que Paraag e o time estavam desesperados, ou, para ser mais delicado, apaixonados ao ponto da necessidade absoluta e do desejo avassalador. Minha preocupação era que essa diferença sutil se perdesse e se confundisse com desespero de verdade.

Vince McMahon é um empresário lendário, e se deleita diante do desespero.

Vejamos como as coisas aconteceram.

Todo ano, ao longo de algumas semanas, Vince recebe os donos de estádios em seu escritório, um a um, para que eles tentem vender seu peixe e respondam à pergunta: "Por que devemos escolher você?". Ele faz uma reunião de 30 minutos com cada um e toma a decisão final.

Existem, nos Estados Unidos, só alguns estádios grandes o suficiente para receber o WrestleMania, por isso normalmente é o mesmo grupo de donos que desfila diante dele.

Em 2015, Paraag, Jed (o dono do time) e o prefeito de Santa Clara pegaram um avião para Connecticut para falar com Vince McMahon.

É um pré-requisito levar o prefeito de sua cidade. Você precisa explicar que a cidade concorda com o evento e é capaz de fornecer todos os elementos logísticos para sua realização. Além disso, Vince adora ser bajulado por prefeitos e donos de estádios.

Quando eu soube que os prefeitos de todas as cidades iam, ocorreu-me uma coisa. Todos deviam dizer exatamente a mesma coisa. Cada estádio devia ter exatamente o mesmo pitch. Por que Vince precisava que as pessoas fossem para Connecticut? Todos os dados estavam disponíveis: número de assentos, estrutura de estacionamento, rotas dos voos. Tudo isso é basicamente o mesmo.

Havia histórias e rumores sobre essas reuniões, sobre Vince começar a reunião com "Então, por que devo escolher você?" e depois interrogar os donos de estádios e times e os prefeitos por 30 minutos seguidos. Ouvi dizer que muitas vezes os donos nem conseguiam fazer seu pitch, porque Vince fazia perguntas sem parar. Pensando bem, isso faz sentido. Se você fosse Vince e o WrestleMania fosse o maior evento do continente, e você fosse ganhar milhões e milhões de dólares independentemente de onde o realizasse, a única pergunta que interessa seria "Por que devo escolher você?"?

Paraag estava focado no "Por que devo escolher você?", mas ele precisava de um gancho. Ele precisava do momento "Que legal!". Ele não podia entrar e dizer: "Temos um novo estádio, é lindo e confortável, tem 80 mil lugares e a prefeitura nos ajudará a realizar o evento". Jerry Jones teria dito a mesma coisa sobre Dallas cinco minutos antes.

No método OCTC, eu estava travado no "O que é isso?". A pergunta "Por que devo escolher você?" seria nosso "O que é isso?".

Imagine analisar seus tópicos principais, ampliá-los em frases, definir a ordem de cada um, filtrá-los e categorizá-los pelo método OCTC e, no fim, perceber que seu "O que é isso?" não é óbvio. A questão não era o tamanho do estádio ou como eles controlavam os torcedores. "O que é isso?" era algo em que ninguém havia pensado.

Paraag estava prestes a oferecer seu estádio para o maior evento do mundo e seu "O que é isso?" não tinha nada a ver com o espaço físico.

No saguão da WWE há uma enorme estátua do ex-lutador André, o Gigante, uma criatura de mais de dois metros de altura que assombra as pessoas que estão ali esperando a reunião. Há a marca da mão de André em granito, convidando os visitantes a comparar suas mãos com a dele. É uma experiência humilhante. Um urso pareceria pequeno naquele saguão. Foi tudo feito sob medida para diminuir os visitantes.

Paraag e companhia foram conduzidos à principal sala de reuniões. À cabeceira de uma mesa de nove metros estava Vince McMahon; do lado direito estava sua filha Stephanie; à esquerda, o lutador conhecido como Triple H (genro de Vince, Paul Levesque).

Após apresentações e cordialidades, o prefeito de Santa Clara fez uma breve introdução sobre a cidade, disse que estava empolgado e deu alguns detalhes do lugar. Isso serviu como abertura e razão de ser (explicarei melhor todos os detalhes nos próximos capítulos).

Vince foi direto ao assunto: "Senhores, por que devemos lhes dar o WrestleMania?".

Então, Paraag começou. Vejamos algumas de suas afirmações essenciais:

(**O que é isso?**) Esta é uma oportunidade para o WrestleMania e a WWE estarem no centro do mundo digital. As maiores e mais influentes empresas de mídia social e tecnologia estão no Vale do Silício.

(**Como funciona?**) O Levi's Stadium fica no centro do Vale do Silício. O estádio se tornou o edifício icônico que representa o Vale. Facebook, Twitter, Instagram, Salesforce, Cisco, Google e outras empresas do gênero têm suas sedes corporativas em volta do estádio, e muitas delas têm camarotes lá.

(**Tem certeza?**) O mundo é digital; o mundo é mídia social. Santa Clara e o Vale do Silício são o centro do mundo digital e tecnológico. Não é só a localização física – o estádio faz parte da cultura.

(**Consegue fazer?**) O Levi's Stadium tem 76 mil lugares para futebol americano e será capaz de acomodar quase 90 mil para o Wrestle-Mania. O estádio é novo e tem todas as comodidades possíveis.

Essas foram as afirmações básicas do pitch. Mas Paraag também tinha **o gancho**. E seu pitch todo o reforçava.

O gancho de Paraag

Para Paraag, o gancho estava claro. Vejamos:

> Com a ajuda desses ícones da tecnologia em seu quintal, o Levi's Stadium tem um aplicativo exclusivo que permite a qualquer pessoa do público pedir comida e, mais importante, produtos, sem sair do lugar, e recebê-los no assento em que ela estiver. Sem filas, sem ter que atravessar o estádio e driblar a multidão. Nenhum outro estádio oferece isso.
>
> Vince McMahon e a WWE ganharão mais dinheiro com produtos no Levi's Stadium do que em qualquer outro do país.

O pitch inteiro levou apenas três minutos, e Paraag se voltou para Vince esperando as perguntas.

Deixe-me explicar como esse gancho se encaixa no pitch de Paraag e como é usado na regra dos 3 minutos.

Analisando o gancho, ele tem duas partes, **a afirmação** e **o que ela significa**: (a) é um sistema que permite aos fãs pedir produtos sem sair do lugar; (b) a WWE ganhará mais dinheiro com produtos por causa disso.

O gancho precisa de contexto para ser eficaz. Analisando o pitch de Paraag, você pode ver claramente que, antes de entrar no sistema de assentos, é necessário estabelecer o "O que é isso?" e o "Como funciona?" para lançar o gancho.

Vejamos como foi.

> O mundo é digital; o mundo agora é mídia social. Esta é uma oportunidade para a WWE estar no centro do mundo digital.
>
> Santa Clara e o Vale do Silício são o centro do mundo digital e tecnológico. As maiores e mais influentes empresas de mídias sociais e tecnologia do mundo estão aqui no Vale do Silício.
>
> Nosso estádio é o mais avançado tecnologicamente. Trabalhamos com os titãs tecnológicos que estão nos arredores para criar um aplicativo que permita ao público encomendar produtos sem sair do lugar. As pessoas vão pedindo durante o evento, enquanto as emoções e a excitação estão à flor da pele.
>
> Esse sistema aumentou enormemente nossas vendas de produtos nos jogos e fará o mesmo com o WrestleMania.

Quando você ouve falar do aplicativo descrito no contexto, diz: "Ah, que legal".

E foi exatamente isso que Vince McMahon disse. Porque, quando começaram as perguntas, a maior parte delas focou na tecnologia e no impacto do aplicativo e em como eles poderiam usá-lo em proveito próprio. Vince disse literalmente, a certa altura: "Isso é muito legal!".

Em 2015, o WrestleMania 31 foi realizado no Levi's Stadium. Um dos maiores eventos da história do estado da Califórnia foi conseguido em uma reunião que durou menos de 30 minutos.

É assim que você usa um gancho dentro da sua história.

Encontre seu gancho

Como você encontra e usa um gancho em sua história?

Primeiro, vamos analisar suas respostas para o método OCTC. Você precisa identificar uma ou duas das afirmações essenciais que mais o animam. Se o público entender sua oferta perfeitamente e você perguntar "Qual é a melhor parte disso?", é provável que a resposta deles seja seu gancho.

Vejamos como confirmar isso.

Comece com uma afirmação de valor que você acha que poderia ser seu gancho. Neste caso, usaremos a empresa de encanamento de Jeff. O gancho dele foi: "Transformamos o que sempre foi uma grande reforma em uma reforminha".

Agora, pegue essa frase e extraia por que isso é tão importante. Para Jeff, foi o seguinte:

- Porque uma grande reforma faz uma bagunça enorme.
- Porque uma grande reforma custa muito dinheiro.
- Porque durante uma grande reforma você tem que sair de casa.
- Porque uma grande reforma é estressante.
- Porque recanalizar uma casa inteira é uma grande melhoria.
- Porque, se você precisa de canos novos, provavelmente não fez a troca por causa da bagunça e do estresse.
- Porque as pessoas veem uma pequena reforma como algo barato e fácil.
- Porque isso mostra que minha empresa tem um sistema novo ou único.

Depois de descompactar tudo, você verá que chegou ao momento em que vai querer soltar um: "Legal, não é?".

Ninguém precisa ser um gênio para entender exatamente o que Vince McMahon mais quer. Ele quer ganhar dinheiro. Mas esse não é seu único fator motivador. Para Vince, a questão não pode ser só dinheiro. Essa não pode ser a única coisa que você tem a lhe oferecer. Se assim fosse, o WrestleMania iria sempre para quem desse o maior lance. E é a mesma coisa com Jeff. Não pode ser só o fato de ser uma reforminha. É necessário todo o contexto.

Não comece com o gancho

Para grande parte das empresas, encontrar o gancho é bastante fácil. Quando peço às pessoas uma frase que provoque o "Ah, que legal", elas normalmente a encontram depressa. Mas, na maioria das vezes, usam-na cedo demais.

Muitas pessoas e, infelizmente, muitos livros de vendas e coaches têm a ideia errada de que se deve começar com o gancho.

"Olá, sou Jeff, da Re-Pipe Specialists, e podemos recanalizar toda a sua casa com apenas uma pequena reforma. Deixe-me mostrar como."

Parece bom. Podia até parecer certo antes de você começar a ler este livro (espero que esta leitura esteja provocando algum tipo de impacto).

E, sim, é possível que funcionasse bem na época em que existia o "pitch de elevador". A ideia era que, quando você disparasse o gancho a alguém no elevador, a pessoa diria: "Humm, interessante, fale mais sobre isso". Você vê essa ideia repetida atualmente por muitos especialistas (e por não especialistas também).

Hoje, no entanto, não é bem isso que as pessoas pensam quando ouvem esse tipo de afirmação, mesmo que se diga o contrário. O que as pessoas realmente pensam quando ouvem essa introdução é: "Não sei se acredito em você. Prove". Ou, se sua afirmação for ainda mais grandiosa, "isso é bobagem" é o primeiro pensamento que passa pela cabeça delas. Então, sua tarefa passa a ser convencê-las do contrário.

Isso lhe parece uma estratégia vitoriosa?

Trata-se do método chamado **diga-e-prove**, e tem sido o padrão há décadas. Infelizmente, ainda é ensinado como o básico do marketing. A ideia é que você faça alguém desejar o resultado primeiro e depois use as informações para convencê-lo de que aquilo que diz é verdadeiro.

O que sempre digo a todo mundo é: "Se você começar com uma grande conclusão e depois tentar embasá-la, seu público duvidará de você e tentará refutá-la".

Pense nisso.

Você quer mesmo que seu público pense: "Isso não é possível. Não, acho que não. Você não fará isso"? Sim, você pode conquistá-lo no fim das contas, mas, nesse cenário, tudo o que dirá a seguir terá de validar de forma convincente a afirmação que você acabou de fazer com o gancho. Isso não é nada bom. Você acabou de criar uma batalha árdua.

Todas as empresas de biotecnologia com quem trabalho começam sua apresentação com algo como "Vamos revolucionar o setor de assistência médica". Além de não ser um bom gancho, a reação costuma ser: "Sério? Vai mesmo? Acho improvável, mas vamos lá, fale mais". Nessa situação, o melhor resultado que se poderia esperar seria alguém dizer, no fim da apresentação: "Sim, isso é bom, mas não sei como revolucionaria o setor".

Isso lhe parece uma posição de força? Quando eu dirigia a rede TLC, os produtores apareciam com "Eu tenho um novo programa que será seu maior sucesso!", ou "O público está morrendo de vontade de algo assim", ou "Este é o sonho de todo anunciante".

É assim que você deseja começar um pitch ou apresentação?

O diga-e-prove é um modelo antigo e já ineficiente, sobretudo na era da hiperinformação. Tecnologia, marketing e publicidade avançaram radicalmente nos últimos 20 anos. O marketing, que movimenta bilhões de dólares e tenta nos influenciar a todo momento, tornou-se tão sofisticado e eficaz nas últimas décadas que não há parte de nossa vida que não seja influenciada por marcas. Você e eu somos alvos disso, todos os dias, em todos os aspectos. Nossa idade, nosso gênero, nossa educação, nosso nível de renda, nosso estado civil, nossos hábitos de compra. Não acaba nunca.

Para ser justo, existem estudos que embasam esse método diga-e-
-prove. É o estudo da **motivação por aproximação**, ou por que
as pessoas são motivadas a tomar decisões ou "comprar" uma ideia.
Segundo o senso comum, o *desejo* cria *foco*, o que significa que, se você
deseja algo, foca nisso. Portanto, nosso mundo de marketing, vendas
e publicidade se propôs a criar seu desejo pelo produto, o que levaria
você a focar nisso, permitindo que eles lhe expliquem todos os detalhes
necessários para conquistá-lo.

Segundo a ciência, se eu for um comprador de canal de TV que
precisa desesperadamente de um programa de sucesso para salvar meu
emprego e você me disser que acabou de criar meu próximo hit televisivo, certamente vou ouvi-lo. Isso pode até ser verdade, mas, no clima de
hoje, já começo a duvidar de você e te julgar enquanto escuto o que diz.

Sim, se eu lhe dissesse que, ao ler este livro, você duplicaria suas
conversões de vendas e triplicaria sua receita, você desejaria esse resultado. E poderia até estar disposto a se concentrar e ouvir o que tenho
a dizer. Mas cada fato ou afirmação que eu desse, a partir daquele
momento, seria contra minha promessa ou a favor dela.

Mas há uma maneira muito melhor de fazer isso.

O *Journal of Motivation, Emotion, and Personality* divulgou um estudo
que descobriu algo inovador: a motivação por aproximação também
funciona ao contrário. O que eles descobriram foi que **o foco pode
CRIAR desejo**. Ou seja, se você conseguir captar seu público e manter o foco dele, poderá criar o desejo dele por seu resultado. Você pode
levar seu público a desejar sua oferta fazendo com que ele a ouça e a
compreenda.

Isso pode parecer inovador, mas Hollywood já vem usando esse método de "foco cria desejo" há décadas. Levar seu público, com a narração de histórias, até a conclusão que você deseja (e ele quer) é o básico
dos roteiros de Hollywood. Você sabe que o mocinho vai vencer, e
quer que o mocinho vença depois de ser conduzido nesse caminho por
90 minutos. Você sabe como a coisa vai acabar e *quer* que seja assim.

Claro, em um filme de mistério há grandes revelações e reviravoltas, há o fator "Quem foi?". Mas essa grande revelação só será satisfatória se o público achar que já deveria esperar por isso, com base nas cenas e na estrutura anteriores. Esta é a estrutura básica de qualquer boa história: você guia seu público.

Você precisa começar com os fatos, claros e simples, e deixá-los crescer até sua grande conclusão. Deixe que o público, depois de ouvir o "O quê?" e o "Como?", comece sozinho a formar seu gancho. Então, quando por fim você diz qual é o gancho, eles pensam: "É isso mesmo".

Eu sempre digo a meus clientes que **o gancho é algo que você quase nem precisa dizer.**

Quando Vince McMahon soube da conexão com o mundo da tecnologia e da capacidade de vender produtos sem que o público precisasse sair do lugar, já ficou pensando: "Posso ganhar mais dinheiro com produtos no Levi's Stadium do que em qualquer outro lugar".

Mas, se Paraag tivesse começado com "Podemos ganhar mais dinheiro com produtos que qualquer outro estádio do país", o primeiro pensamento de Vince teria sido "Prove", e então ele questionaria e julgaria todas as afirmações seguintes.

Depois que Jeff explica que sua empresa só faz pequenos furos e insere os tubos flexíveis através das paredes, que não faz sujeira e você nem precisa sair de casa, seus clientes pensam antes que ele diga: "Isso nem é uma grande reforma".

O gancho quase nem precisa ser dito. Seu gancho deve ser autoexplicativo. É isso que você quer. Esse é o poder de uma grande história.

Como estamos sendo bombardeados para comprar em todos os lugares a que vamos, aprendemos a ver todas as alegações com desconfiança e ceticismo. Todas as declarações, promessas e ofertas são examinadas, instintivamente, por seu público.

Qualquer promessa que você faça que seja melhor que a da concorrência será percebida como boa demais para ser verdade. E, mesmo que seu público acredite no valor real de sua oferta, começará a procurar o que mais há por trás dela. E o que é pior: se você também usa alguns adjetivos pomposos, como "revolucionário" ou "melhor", as pessoas logo concluem: "Estou sendo enganado, isso é perda de tempo".

Sua apresentação tem que ir contra isso. Não comece com "Este é um negócio incrível". Você deve montar o cenário e fornecer informações para que seu público chegue a essa conclusão naturalmente, sem que você precise dizer nada.

Analise suas afirmações essenciais de novo. Retire suas maiores promessas, suas afirmações resumidas, suas opiniões favoráveis sobre o tema. Pegue qualquer coisa que se conecte com seu gancho e reserve. Vamos focar primeiro nas seções "O quê?" e "Como?" do filtro OCTC. Você quer que suas afirmações levem a seu gancho, e poderá ver isso acontecer diante de seus olhos.

Se ainda não fez isso, escreva todas as suas afirmações em cartões. Poder movimentá-los é extremamente útil nesse processo. Você pode movimentar suas frases na tela, mas nada supera a velocidade e a fluidez de mexer cartões físicos manualmente.

Katy Perry é a maior

Aqui está um de meus exemplos favoritos para ilustrar o diga-e-prove, que usei em uma palestra recente na National Speakers Association. Fiquei curioso para ver como uma sala cheia de palestrantes profissionais reagiria à minha teoria da motivação por aproximação.

Coloquei uma foto grande de Katy Perry na tela e disse:

"Gostaria de apresentar uma amiga minha, Katy Perry. Sei que vocês conhecem Katy e suas músicas."

Então, fiz minha afirmação:

"Katy Perry é a artista mulher de maior sucesso na história."

A reação da multidão foi uma espécie de silêncio confuso, até que, alguns segundos depois, ouvi uma grande objeção explodir em um canto:

"O quêêêêêêêê?!"

Eu sorri e perguntei à plateia:

"Alguém aqui *não concorda 100%* com essa afirmação?"

Todas as mãos se ergueram.

Em um canto, vi uma elegante senhora afro-americana, Jamilla, que mal conseguia ficar sentada. Ela agitava a mão, desafiadora.

"Alguém *discorda* totalmente dessa afirmação?"

Eu podia vê-la pulando na cadeira. Todo mundo levantou as mãos de novo.

"Uau! Alguém discorda total e sinceramente dessa afirmação?", perguntei, indo até a mulher no canto. "Parece que você não concorda comigo, certo?"

"Rapaz, você deve estar maluco!", disse ela. E disparou um discurso muito engraçado sobre sua irmã de alma Tina Turner e minha afirmação inaceitável, ignorante e escandalosamente errada. A plateia ria.

Com as mãos que se ergueram e o discurso de Jamilla, provei que começar com uma declaração grandiosa cria uma imensa resistência. Então, perguntei ao público se me permitiriam tentar fazer a introdução de uma maneira diferente.

Coloquei a foto de Katy Perry de novo.

"Gostaria de apresentar uma amiga minha, Katy Perry. Sei que vocês conhecem Katy e suas músicas, mas eu não sabia de muita coisa sobre a carreira dela até passarmos um tempo juntos…"

A seguir, contei uma historinha sobre a carreira de Katy e comecei a apontar alguns fatos simples, um por um:

- Primeira mulher a ter cinco músicas de um álbum em primeiro lugar.
- Esse é um recorde que só perde para Michael Jackson.
- Primeira artista a ter vários vídeos com bilhões de visualizações.
- Oito recordes mundiais no Guinness.

- Recorde de single mais reproduzido.
- Recorde de 69 semanas consecutivas em primeiro lugar.
- Recorde de 18 canções consecutivas em primeiro lugar (ninguém chegou nem perto).
- Uma das mulheres artistas mais vendidas, com mais de 100 milhões de discos.
- Por seis vezes, artista mulher com maior bilheteria.

Eu me voltei para a plateia e disse:

"Vocês sabem o que vou dizer agora, não é?"

Fui direto para Jamilla.

"Preciso dizer?"

Ela apenas sorriu e me deu um soquinho.

"Pense no quanto vocês estão mais próximos da minha afirmação agora."

Nada de dizer e provar. **Informe e guie.**

Adoro essa parte. Se você encontrou seu gancho, está começando a sentir sua história ganhar vida. Eu sei como é isso; é inebriante. Você deve estar com vontade de sair correndo e contar para todo mundo.

Mas espere. Porque tem mais, e fica ainda melhor. Você tem seu gancho; agora, queremos encontrar sua **VANTAGEM.**

Sua vantagem é algo pelo qual seu público não espera.

9

A vantagem

O *butt funnel*

Se você sabe o que é um *butt funnel*, ou é fã de um de meus programas de TV, ou tenho que me perguntar que tipo de pessoa você é, ou em que faculdade estudou.

Brincadeira! Não é o que parece.

É uma ideia que vem da grande série de TV *Bar Rescue*, estrelada por Jon Taffer, que eu criei e vendi em 2011. Esse programa já teve quase 200 episódios e gerou cerca de 250 milhões de dólares em lucro. É, sem dúvida, um de meus programas mais bem-sucedidos e o melhor exemplo de como usar o que eu chamo de "vantagem" com perfeição em um pitch. A vantagem que usamos no pitch para o *Bar Rescue* foi a ideia do *butt funnel* [em tradução livre, "funil de bundas"].

A primeira vez que vi Jon Taffer foi no DVD que o agente dele me enviou. Ele me pareceu grande, espalhafatoso, levemente antipático e muito impressionante. Jon era proprietário e consultor de bares e casas noturnas, e ficou bastante conhecido por reabilitar esse tipo de estabelecimento.

Fiquei intrigado, mas disse ao agente de Jon que queria pensar um pouco. Na verdade, Jon era tão diferente que eu não sabia se ele seria suficientemente atraente para a TV. Eu não tinha certeza. Ele tinha o estilo impetuoso de Gordon Ramsay, mas sem o sotaque inglês nem a sofisticação de ser um chef gourmet.

Liguei para um amigo, responsável pela programação da Spike TV, para pedir a opinião dele. Eu não queria gastar tempo nem dinheiro tentando fechar um contrato e desenvolvendo um programa se os outros sentissem o mesmo que eu.

Mas a rede adorou Jon. "Ele é incrível. Desenvolva algo com ele e traga-o para uma reunião", disse meu amigo.

Entrei em contato com o agente de Jon e marquei a reunião, mas ainda estava meio cético. Eu já havia passado cem vezes por esse processo com um talento que a rede tinha "adorado", e 98 dessas reuniões resultaram em recusa. Eu sabia que o amor de uma rede nem sempre se traduzia em um contrato. Então, precisava criar algo com Jon que o elevasse ao nível "tem que ser".

Jon e eu desenvolvemos o programa para a reunião de pitch com a rede de TV. A ideia geral era que, toda semana, ele pegaria um bar com dificuldades, poria tudo abaixo e construiria de novo, mudando tudo. O programa seria impulsionado por seu estilo ousado e confrontador e pelas grandes transformações que ele ajudaria os donos de bar a alcançar.

Havia só um problema. *Kitchen Nightmares* já era um programa de sucesso, e nele Gordon Ramsay fazia o mesmo com restaurantes. Nós precisávamos de algo mais. Tínhamos o conceito para o programa, e o estilo forte de Jon era com certeza o gancho, mas precisávamos de mais força. Algo que nos desse... uma **vantagem**.

E o que seria isso? O *butt funnel*. Quando Jon me falou do *butt funnel*, eu soube que tínhamos a vantagem necessária para nosso programa de TV.

No dia de nosso pitch, Jon e eu entramos em uma grande sala de reuniões na Viacom, onde os executivos da rede tinham se reunido para ouvir a apresentação.

Seguimos a estrutura OCTC para transmitir um pitch claro e direto em menos de três minutos.

Depois que definimos "O quê?" e "Como?", passamos ao gancho, que era o fato de Jon ser tão apaixonado por bares e tão conhecedor do assunto quanto Gordon Ramsay em relação a restaurantes, ou Simon Cowell em relação a música. E, assim como Gordon e Simon, ele podia ser espalhafatoso, cruel e agressivo, mas sabia o que fazia e sempre tinha razão.

Então, fomos para a vantagem do pitch.

Jon explicou que, durante seus tempos como consultor de bares e casas noturnas, ele aprendera coisas de que ninguém falava sobre o que fazia os bares e restaurantes serem bem-sucedidos. No caso dos restaurantes, o sucesso depende amplamente da comida, mas casas noturnas e bares são bem diferentes.

"Por que alguns são populares e outros fracassam?", perguntou Jon. "Podem estar perto um do outro e ter resultados completamente diferentes. Eu sei por quê, e posso dizer por quê, toda vez."

Todos os executivos da rede se inclinaram para a frente, ansiosos para saber qual era o segredo de Jon. Alguns desses executivos, sem dúvida, tinham seus próprios investimentos no altamente competitivo cenário noturno de Nova York e fariam uso imediato dos conselhos de Jon.

"Eis uma coisa que ninguém mais vai dizer", continuou Jon. "Seu bar precisa de um *butt funnel*."

Alguns executivos fizeram expressões de dúvida, outros coçaram a cabeça. *O que diabos é um* butt funnel*?*, dava para vê-los pensar.

"Todo bar ou casa noturna tem um padrão de fluxo ou tráfego de pessoas andando pelo local. Elas vão passando e observando o ambiente. Elas querem ver o que está acontecendo, querem ver quem está ali. Isso cria um ciclo básico, que as pessoas seguem continuamente. Toda vez que trabalho com um novo bar, redesenho o espaço para que esse movimento forme um *butt funnel*. Um *butt funnel* é um local estreito demais para duas pessoas passarem lado a lado, de modo que, se um vem de um lado e outro do outro, precisam virar de lado para passar, e a bunda de um acaba roçando na do outro. Quando as bundas se roçam, liberam-se endorfinas; esse contato inicial de homens e mulheres tem um impacto sobre as pessoas. Pessoas com um nível mais alto de endorfinas liberadas se divertem mais, ficam mais tempo, pedem mais bebidas, gastam mais, voltam com mais frequência. O bar ganha mais dinheiro. Você literalmente canaliza o fluxo de pessoas para um lugar onde elas precisam roçar na bunda do outro para passar."

Jon se sentou, e pude ver a expressão de espanto no rosto dos executivos. Nesse momento, eu soube que havíamos vendido o programa.

O *butt funnel* fez a mágica.

Eles compraram o programa. E nós o fizemos. O *butt funnel* apareceu no primeiro episódio.

O *butt funnel* era a vantagem. A vantagem é algo que atravessa a simplicidade de seu pitch e lembra o público que você tem algo especial a oferecer. Podemos também descrevê-la como o fator que ajuda a levar o pitch mais além.

A vantagem é um fato interessante ou uma anedota que faz metaforicamente (às vezes, literalmente) a pessoa sentar e prestar atenção.

Se seu gancho é algo legal, quando o público o ouve praticamente já sabe que sua vantagem também é algo legal no qual ele não havia pensado antes.

Analisando a história do *butt funnel*, você pode ver que ela ajudou a ilustrar as principais afirmações de interesse e valor, mas não é suficiente por si só. É um ótimo exemplo, obviamente, mas, mais que isso, força seu público a ver o contexto e visualizar suas afirmações mais valiosas.

No pitch do *Bar Rescue*, eu precisava que o comprador visse que Jon não é apenas um cara espalhafatoso e cruel que só sabe gritar. Ele é um especialista com anos de conhecimento e uma imensa paixão pelo ramo. Ele compartilharia com o público segredos que ninguém jamais ouvira antes. Muitos elementos de uma casa noturna ou de um bar que você pensava serem só escolhas aleatórias são realmente baseados na ciência. Se você assiste ao programa, sabe do que estou falando. Esses detalhes informativos estão em todos os episódios.

Curiosamente, quando estávamos reunindo os tópicos do programa de Jon, não tínhamos um que dizia "*butt funnel*", mas foi tão eficaz que agora eu o uso como cabeçalho de categoria com todos os meus clientes. A pergunta é sempre: "Qual é o seu *butt funnel*?".

Qual é o seu *butt funnel*?

Então, qual é o seu *butt funnel*? Que história ou exemplo melhor ilustra seu gancho? Você é capaz de encontrar uma anedota diferente para conseguir vender seu peixe?

Para o pitch de Paraag e do WrestleMania, a vantagem foi o fato de o novo aplicativo também fornecer ao público atualizações em tempo real sobre as filas nos banheiros. Cada banheiro e sua localização eram mapeados pelo aplicativo, e luzes verdes, amarelas e vermelhas permitiam que o público soubesse exatamente quais banheiros tinham as filas mais compridas. Paraag e sua equipe ficaram impressionados com a popularidade desse recurso. Os fãs podiam escolher a hora exata para ir ao banheiro e voltar perdendo o mínimo do jogo. E não perderiam nada do WrestleMania por terem que ficar parados na fila do banheiro.

Para Jeff e sua empresa de encanamento, a vantagem foi uma história sobre o hotel que o contratara para recanalizar todos os cômodos sem atrapalhar os hóspedes nem mostrar que havia uma obra em andamento ali. Eles não queriam fechar o hotel para fazer a tubulação, como todas as outras empresas haviam proposto. O pessoal de Jeff reservou um quarto diferente a cada noite e o recanalizou sem barulho nem bagunça. Eles passaram pelos 87 quartos sem que um único hóspede soubesse que estavam lá. Eles não usavam macacão no saguão ou nos corredores: para trocar de quarto, saíam com roupas normais, parecendo hóspedes.

Sua vantagem é uma história que tem força, que você pode concluir dizendo: "Não é uma loucura?".

> "As pessoas meio que usam o aplicativo como um jogo. Esperam a luz verde e depois veem com que rapidez conseguem voltar a seus lugares. Eles adoram encontrar banheiros sem filas em andares ou seções diferentes. Não é uma loucura?"

> "Meus funcionários se vestiam como hóspedes para andar pelo saguão e depois entravam nos quartos e vestiam suas roupas de trabalho. Eu nunca vi nada parecido."

Analise suas informações. Qual é o seu "Dá para acreditar?"? Vasculhe suas afirmações e seu gancho. Crie em sua cabeça aquele momento que melhor ilustra essas afirmações. Qual é o mais dinâmico, curto, agradável e bacana? Qual é o seu *butt funnel*?

A vantagem nem sempre precisa ser algo que já aconteceu. Pode ser algo que você acha que vai acontecer ou que imagina acontecendo. Quando trabalho com pitches de startups para obter financiamento, em geral elas não têm histórias sobre como o aplicativo funciona ou como o produto será vendido, porque o aplicativo ou o produto ainda está no estágio inicial. Eu os ajudo a encontrar sua vantagem no potencial de seu produto, ou a contar uma história que explique como descobriram a necessidade por aquele produto.

Eu trabalhei com o aplicativo de uma startup chamado Bed and Bale. É basicamente um Airbnb para cavalos. As pessoas que viajam com cavalos podem usar o aplicativo para ter à disposição todos os serviços da região.

A ideia do Bed and Bale veio de uma história incrível. Virginia, a fundadora da startup, estava transportando seus cavalos quando um eixo do caminhão quebrou e ele ficou ali, no acostamento. Virginia ia participar de uma competição de salto na manhã seguinte, e ainda estava a 320 quilômetros de distância. Depois de algumas horas, ela conseguiu um reboque para levar o trailer, mas os cavalos estavam enlouquecendo de tal maneira que ela precisou tirá-los do trailer e tentar acalmá-los. Seis horas depois, não havia como consertar o trailer e chegar à competição a tempo.

Ela teve que dormir no caminhão, com os cavalos amarrados ao lado do trailer, em um estacionamento. Ela usou o Google para encontrar um lugar para ficar, mas tudo que poderia servir estava fechado. Virginia sabia que havia centenas de pessoas por ali que possuíam trailers de cavalos e tinham barracas disponíveis, mas não tinha como encontrá-las às 23h30. Se ao menos existisse um aplicativo que pudesse conectá-la com alguém que tivesse um trailer para alugar, ou uma barraca para ela dormir...

A vantagem do pitch de Virginia foi que, embora ela não soubesse na época, a competição que havia acabado de perder poderia ter sido sua grande oportunidade. Os dois primeiros cavalos haviam desistido naquela semana, de modo que ela teria uma de suas melhores chances de subir ao pódio. Ela sempre ficava em quarto ou quinto lugar, mas, com os dois fora, poderia ter ficado em terceiro. Quando ela por fim descobriu o que havia perdido, ficou tão frustrada que decidiu criar o aplicativo que desejara ter quando estava tentando dormir em um estacionamento.

A história explica o valor do aplicativo, mas a quase subida ao pódio mostra a vantagem. Isso faz você ouvir com um pouco mais de atenção.

A tentação será sempre usar seu gancho e sua vantagem no início do pitch, porque são curiosos e provocam impacto. É importante resistir a essa tentação; há muito mais poder no fato de deixar as informações falarem por si e, então, usar essas peças para capitalizar a situação. Informar e guiar, não dizer e provar.

Muitos clientes meus querem abrir o pitch com a história que deveria ser a vantagem. O senso comum diz para começar com o problema que você vai resolver, e eu concordo plenamente. Mas o que vamos ver agora é como usar uma abertura de fala para *ilustrar* o problema sem *declará-lo* diretamente.

É muito mais forte organizar seu pitch ou apresentação de uma maneira que faça seu público ver o problema *antes* de você o declarar. Seu objetivo é que eles cheguem à solução antes de você a apresentar.

Agora, vamos trabalhar na abertura e organização de seu pitch e chegar àquilo que em TV e cinema costumamos chamar de a "razão de ser".

10

Use os aspectos negativos

Entrei no restaurante e disse orgulhosamente à recepcionista:

"Tenho uma reserva para dois, no nome de Bon Jovi."

"Sim, senhor, por aqui. Ele está aguardando."

É isso mesmo: uma mesa para dois com o próprio Jon Bon Jovi, e ele já estava lá me esperando.

Eu já havia me encontrado com Jon quatro ou cinco vezes em Nova York e Los Angeles, enquanto desenvolvíamos um programa de TV juntos. Até então, as reuniões haviam sido um tanto distantes, com a participação de agentes e outros produtores, tudo bem profissional. Foi por isso que fiquei surpreso quando Jon me chamou para tomar café da manhã. Mas quem vai questionar a chance de um *tête-à-tête* com um dos maiores astros do rock de todos os tempos?

Duas semanas antes, Jon havia me deixado uma mensagem pedindo que eu ligasse para ele. Quando liguei, ouvi o som de uma guitarra e perguntei:

"O que você está fazendo? Alguma coisa legal que astros do rock fazem?"

Ele riu.

"Não, estou treinando minhas escalas."

Jon Bon Jovi estava treinando escalas! Ele é esse tipo de pessoa, meticuloso e disciplinado.

Faltavam apenas duas semanas para o pitch do programa que estávamos desenvolvendo, então imaginei que Jon queria se encontrar comigo para falar sobre o assunto. Era natural que ele quisesse se aprofundar mais no pitch e ensaiar um pouco. Jon me disse que chegaria cedo a Los Angeles, então marcamos de nos encontrar para o café da manhã e conversar.

Estávamos trabalhando no programa *If I Wasn't a Rock Star*. A ideia era que, a cada semana, escolheríamos uma estrela da música e imaginaríamos como seria sua vida se não houvesse conquistado a fama. A estrela, ou astro, passaria uma semana fazendo aquilo que poderia ter feito se a música não tivesse dado certo, e viveria com uma família mais alinhada à vida que poderia ter tido. Era uma ideia muito divertida, e algumas pessoas já vinham comentando o assunto desde que um jornal escrevera uma matéria dizendo que estávamos criando um programa juntos.

Naquele dia do café da manhã, o programa já estava pronto para ser vendido. Já havíamos revisado o pitch e as reuniões estavam marcadas.

Nós nos encontramos, pedimos a comida, conversamos. Foi meio surreal, porque a cada poucos minutos alguém passava e eu sabia que o havia reconhecido. Então, eu imaginava a pessoa pensando: "Quem é esse cara tomando café da manhã com Bon Jovi?". E, em minha cabeça, eu pensava: "É isso aí, só eu e Jon Bon Jovi. Eu sou demais!".

Essa bolha estourou quando, depois da troca de gentilezas inicial, Jon disse:

"Temos um problema com o programa que não consigo superar. Construímos toda essa premissa e ideia em torno do que eu seria se *não* fosse músico, mas, na verdade, não existe uma versão de mim sem fazer música. Música é tudo que eu já fiz na vida e tudo que teria feito.

Falamos de eu ser jardineiro porque gosto de natureza, mas eu não seria jardineiro coisa nenhuma, não gosto de me sujar. Nunca trabalhei ao ar livre, nunca fiz um trabalho braçal na vida!"

Ah, que droga.

Jon estava certo. Nós havíamos construído o programa em torno da ideia de ver grandes estrelas como ele fazendo algum trabalho legal/engraçado. Não precisávamos ser literais, mas Jon não conseguia aceitar o fato de que estávamos vendendo a ideia de que aquilo poderia realmente ter sido seu emprego ou sua vida. Porque ele tinha 100% de certeza de que ele nunca teria sido outra coisa.

"Veja, conversei com uma dúzia de amigos que queremos colocar no programa, e todos dizem basicamente a mesma coisa. A música sempre foi a vida deles. Sim, talvez eles tivessem outros empregos, mas eu nunca faria outra coisa além de música. Para mim e para todos os outros de que estamos falando, nunca houve outra opção. Nunca."

Eu já sabia disso, desde o início do desenvolvimento do programa. Estávamos tentando convencê-lo da ideia de jardineiro, e eu sentia que Jon parecia relutante. Mas eu apenas estava tentando fazer o que achava melhor para vender o conceito do programa.

O que Jon trouxe à tona naquele café da manhã é, na verdade, uma questão bastante comum. Toda nova ideia de programa de TV tem um problema. Nenhuma ideia, oportunidade de pitch ou apresentação é perfeita. Sempre há algo que você teme que o público perceba e que sugue a vida da ideia.

Aquele café da manhã de duas horas com Jon Bon Jovi me ensinou uma lição extremamente valiosa que compartilho com todos os meus clientes e em minha estratégia de pitch: sempre existe um problema.

O que você espera que seu público não descubra?

Quando trabalho com alguém ou dou palestras, sempre digo: "Vamos identificar o problema". Sem exceção, todo mundo pensa que estou me referindo ao problema que seu produto ou serviço vai resolver para o público. E eu entendo; esse tem sido o padrão para pitches e vendas desde o início dos tempos. Você encontra um problema ou necessidade e mostra como seu produto ou serviço o resolve.

Mas, quando falo em identificar o problema, falo em identificar o problema que *sua oferta* tem.

Uma das primeiras e mais poderosas perguntas que faço a cada novo cliente ou público é: "O que você espera que o público não descubra?".

As respostas são sempre muito reveladoras. Quando as pessoas são honestas, algo sempre vem à mente.

Eu uso esse exercício porque, até o momento, você só focou no "valor" e no "bom". Você identificou e classificou só as informações mais fortes e impactantes para criar sua história e guiar seu público. Quando estamos no modo pitch ou apresentação, nossa mente é treinada e condicionada para apresentar o lado melhor, o mais genial, otimista e entusiástico.

Isso pode ter funcionado em algum momento. Hoje, porém, é igualmente importante ver o outro lado da moeda. Como mencionei antes, o público de hoje está superexposto ao marketing e é inerentemente cético. No momento em que você começa a emitir a vibração "bom demais para ser verdade", desperta a desconfiança do público.

Assim como o impulso de dizer e provar leva seu público a refutar suas afirmações, se seu pitch ou proposta for exclusivamente positivo, seu ouvinte buscará questões e problemas para contrabalançar. O assustador é que, na maioria das vezes, as pessoas fazem isso *enquanto* você está se apresentando.

Muito bem, você pode ser uma das poucas pessoas no mundo que tem só vantagens a oferecer, e não importa se o público está procurando problemas. Mas essa é realmente a base mais forte para seu pitch?

Não. Não mesmo. (E quase nunca é esse o caso.)

Você não vai querer que seu público procure problemas. Não vai querer que a mente das pessoas trabalhe contra você enquanto está explicando todos os benefícios e o potencial de sua ideia fantástica. Quando tudo são rosas, no entanto, é isso que acontece.

Você já fez alguma apresentação ou pitch em que a primeira pergunta que recebeu foi sobre algo negativo? No instante em que sua fala acabou, alguém já lhe perguntou: "E quanto a...?"?

A verdade é que, se existir abertura para perguntas desse tipo, alguém vai fazê-las. Pense nisso. Se a primeira questão que a pessoa levanta é sobre um possível problema que precisa de esclarecimento, significa que ela pensou nesse problema enquanto você fazia seu pitch e provavelmente perdeu o valor da maior parte do que você falou. Seu objetivo é evitar isso.

Mas as perguntas "E quanto a...?" não são necessariamente uma coisa ruim. Se você puder identificá-las antes, eu lhe mostrarei como usá-las a seu favor.

Primeiro, faça a si mesmo as perguntas abaixo para ajudar a identificar o seu "E quanto a...?":

- O que você espera que seu público não comece a pensar?
- A que conclusão você gostaria que as pessoas não chegassem?
- Que problema elas acham que você ignorou?
- Qual é a última coisa que você quer que elas perguntem?
- Se alguém dissesse "não", qual seria o motivo dele para isso?
- Se seu concorrente estivesse presente, o que diria sobre você?
- Se fosse um debate, o que o outro lado diria?

Você entendeu. Identifique o problema. O seu problema.

No pitch com Bon Jovi

O "E quanto a...?" de Jon Bon Jovi foi um tapa na cara. Não havia como contorná-lo. Ele estava certo. Meu primeiro impulso foi fazer o que costumava fazer nessas situações: pisar no acelerador e passar por cima do problema. No passado, sempre consegui conquistar os compradores com o potencial do programa e a oportunidade que oferecia e lidar com o "E quanto a…?" depois.

Naquele caso, porém, era diferente. Eu não tinha escolha; eu precisava de Jon na sala comigo na semana seguinte para falar sobre o que ele seria se não fosse um astro do rock. Ele já fechara com a produção executiva da série e estrelaria o piloto, de modo que eu tinha que resolver o problema antes de entrarmos em reunião. Eu sabia que Jon Bon Jovi não participaria das reuniões para apresentar algo em que não acreditava.

Olhando para trás, isso parece ainda mais óbvio. Por que eu tentaria forçar a situação? Por que eu esperava esconder esse fato dos compradores? Eu havia feito o pitch para milhares de programas, de modo que sabia que os compradores perguntariam sobre a autenticidade daquelas histórias de vida. A tarefa deles é fazer esse tipo de pergunta. Eu sabia, mas, até Jon falar disso, enganei a mim mesmo acreditando que poderíamos simplesmente evitar questionamentos desse tipo.

Então, naquele café da manhã com Jon, decidi adotar uma atitude diferente.

"Vamos abrir o jogo", disse eu.

Jon ficou meio confuso.

"Vamos mostrar que realmente não havia outra opção além de ser músico e que você nunca tinha pensado em outra possibilidade até este momento. Vamos incorporar essa dúvida ao pitch."

"Mas isso não enfraquece a ideia?", perguntou ele. "Quer dizer, no programa diremos que Lenny Kravitz teria entrado para o Exército, mas, na verdade, ele começou a tocar bateria aos três anos de idade e nunca fez nada além de música."

"Na verdade, não", respondi. "Não se incorporarmos isso à trama do pitch. O pai de Lenny era do Exército, de modo que essa história seria possível. Só precisamos ajustar a maneira de apresentar a coisa para que tenhamos o controle do problema, e não ele de nós."

"Sim, mas isso nunca foi uma possibilidade para Lenny", replicou Jon. "Nós não podemos mostrar um monte de celebridades fazendo esses trabalhos e basicamente dizendo: 'Eu nunca teria feito isso, graças a Deus, porque isso me mostrou que é uma merda ser uma pessoa normal'."

"Muito bom argumento", concordei. "Então, vamos encarar isso como um obstáculo que teremos que resolver."

Eu não tinha ideia na época, mas isso seria um grande avanço para mim.

Naquele momento, parecia apenas uma mudança sutil, e nada mudaria muito em relação ao programa que íamos apresentar. Mas decidimos abordar o elefante na sala como parte do pitch e parte do conceito.

No grande dia, percorremos Los Angeles fazendo o pitch do programa para todos os compradores de redes de TV. Explicamos que a maioria dessas estrelas da música nunca havia pensado em outros empregos, mas que íamos forçá-las a explorar essa possibilidade. Em todas as redes, notei que isso se tornou um ponto mais forte e ajudou o pitch geral. Então, comecei a estender mais a questão.

Na ABC, eu disse: "Seria incrível se pudéssemos encontrar astros que tiveram empregos de verdade e que tiveram que escolher entre a música e outra carreira. Mas, até agora, não encontramos ninguém. Os artistas do nível que queremos para o programa são como Jon; nunca tiveram dúvida de que a música era seu chamado e sua única opção. Nossa grande preocupação é que, por nunca terem levado em conta outra carreira, o resultado seja algo do tipo: 'Veja que merda é ser uma pessoa comum'".

O diretor da ABC respondeu antes que eu pudesse continuar:

"Sim, claro, mas será fascinante ver Jon e outros astros forçados a pensar em um universo alternativo. Eles descobrirão coisas relativas a empregos regulares e vida familiar que não vivenciam em sua vida louca de viagens constantes. Acho que, se for feito da maneira certa, isso pode gerar momentos bem sinceros."

Nós definitivamente tínhamos alguma coisa.

Acabamos com quatro ofertas para o programa, ou seja, o pitch funcionou. Teria funcionado sem essa alteração? Talvez.

Mas já dei bola fora antes em reuniões porque alguns "problemas" tomaram conta do pitch e não estávamos preparados para eles. Não sei se Jon ficaria à vontade se isso acontecesse em nossa reunião, e o desconforto poderia passar a mensagem errada.

Difícil dizer como as coisas teriam sido se Jon não houvesse me chamado para tomar aquele café da manhã. Por outro lado, não é difícil dizer que essa experiência mudou cada pitch que fiz daquele dia em diante. Foi uma ótima lição.

Obrigado, JBJ!

(Se você está se perguntando por que nunca viu esse programa na TV, é porque não conseguimos sair da fase de negociação com a rede e nosso outro parceiro, a Weinstein Company. Depois de muitas tentativas, havia bocas demais para alimentar e muitos egos envolvidos. Bem-vindo ao maravilhoso mundo da televisão!)

Usando uma fraqueza como força

Ao analisar o pitch de Jon Bon Jovi, percebi que eu podia usar a fraqueza do programa como uma força. Percebi que podia usar a possível desvantagem como uma forma de injetar e validar uma vantagem mais importante.

Em todo programa com celebridades sempre existe uma preocupação enorme com o elenco. As celebridades vão mesmo aparecer? Celebridades *de verdade*? Não basta dizer ao comprador: "Teremos celebridades de peso".

Naquele pitch, dissemos: "Ainda não encontramos nenhuma celebridade que tenha tido um emprego de verdade. Eles sempre souberam que a música era sua vida. Até agora, todos os amigos de Jon que estão interessados no programa são desse nível".

A preocupação era que isso soasse como se os astros menosprezassem as pessoas comuns, sendo que não era esse o caso.

Ao dizer tudo isso de antemão, pude validar que:

1. Nós já havíamos escalado celebridades.
2. Obviamente, estávamos conversando com grandes estrelas, astros grandes o suficiente para estarem na música desde o início.
3. O nível de comprometimento de Jon Bon Jovi era sério, porque ele estava pesquisando e conversando com seus amigos famosos.
4. Nós pensamos muito sobre o assunto e estávamos sendo diretos acerca do que podíamos oferecer.
5. Estávamos discutindo possíveis problemas criativos com a rede de TV; estávamos muito confiantes em nossa capacidade de fazê-los participar do processo.

Eu pude sentir claramente como isso foi eficaz no pitch. E soube disso no instante em que saímos da sala da ABC.

Comecei a usar os aspectos negativos para acentuar e validar os positivos a partir daquele momento, e lhe mostrarei como fazer isso em seu pitch ou apresentação.

Reuni minha equipe de desenvolvimento e pedi que trouxessem nosso quadro de ideias de programas. Percorri a sala tentando encontrar o "problema" de cada um.

Não me surpreendeu o fato de eu não demorar nem um minuto para encontrá-lo em cada programa. Todo mundo sabia desses problemas; minha equipe pensava neles desde o momento em que criávamos os pitches, mas ninguém falava sobre o assunto. Nosso plano era sempre passar por cima dos pontos negativos e cobri-los com informações positivas e convincentes.

"Se você fosse o comprador, por que recusaria este programa?", perguntei sobre cada ideia ali no quadro. "OK, então vamos falar sobre isso, vamos direto ao ponto."

A partir daquele momento, parte de nosso processo de desenvolvimento era identificar os maiores pontos negativos e colocá-los no pitch antes que os executivos das redes tivessem a chance de identificá-los.

Decidi que eu seria o responsável por levantar os possíveis problemas ou questões sobre cada formato. Queria que os compradores defendessem os méritos da ideia, não eu.

Em um pitch para um grande programa de competição para a NBC, eu disse: "Não tenho certeza de que podemos fazer esse programa. O prazo será muito curto e nossos objetivos talvez sejam muito específicos, e, sem o elenco certo, não sei se o programa funcionaria".

A resposta de todos foi: "Sempre encontramos um elenco e podemos estender o prazo, se necessário. Mesmo com um elenco apenas 'bom', há espaço para um drama real".

Eu não poderia ter dito melhor, e foi muito mais poderoso não precisar falar!

Certa vez, vendi um programa para a ABC chamado *Celebrity Splash*, sobre celebridades aprendendo a mergulhar de uma plataforma olímpica. Sim, pode rir. Acredite, pareceu tão ridículo na época quanto é agora. E eu sabia disso quando fiz o pitch, de modo que incorporei o problema à minha apresentação.

Eu disse: "Vamos tentar formar o elenco com grandes celebridades, mas as estrelas VIP jamais fariam isso. Temos que aceitar esse fato. Isso significa que existe uma grande chance de o público achar tudo tão ridículo quanto nós achamos. Vocês sabem tão bem quanto eu que, só porque foi um enorme sucesso na Europa, não significa que funcionará aqui. Pode ser uma coisa muito boba".

Mas John Saade, diretor da ABC, afirmou: "Sim, mas acho que esse é o apelo. Temos que apostar no absurdo da coisa. É isso que faz o espetáculo. Acho que por isso deu tão certo na Europa".

Você percebeu?

Você percebeu como meu público estava começando a resolver meu problema para mim? Notou como eu usei minha estrutura e os elementos valiosos e convincentes do pitch para dar a meu público a capacidade de resolver o meu problema para mim?

Isso é muito mais poderoso que tentar esconder o problema e depois ouvir dos compradores da ABC: "Não consigo imaginar você trazendo celebridades de verdade". Eu consegui reforçar o sucesso do programa na Europa sem precisar falar disso de novo.

O momento "tudo está perdido"

Isso funciona segundo o mesmo princípio de uma importante técnica hollywoodiana de contar histórias chamada momento "tudo está perdido".

É o momento do filme em que tudo dá errado e o herói não tem mais nada a perder. É usado para levar o público a prever e desejar uma grande reviravolta e o final feliz, ou mais feliz possível.

Quando você vê o bandido quase vencendo, quando parece que tudo está perdido, você quer o troco, quer que esse momento mude. Você implora para que o herói volte à vida.

Nos filmes de Rocky, é aquela hora em que ele parece estar inconsciente. Você quase grita para a tela: "Vai lá, levanta!". O roteirista criou esse momento para você prever e desejar o que acontece a seguir. Rocky se levanta. E você, como público, sente-se ainda mais atraído pelo personagem, e então realmente acredita na missão dele e o apoia.

Você não vê esse tipo de momento e pensa: "Ah, é isso aí, a vida é péssima na prisão de Shawshank; só quero que Andy Dufresne [Tim Robbins] definhe e morra tranquilo". Não; você quer que ele escape. E você sabe exatamente por que deseja que ele escape, porque os 80 minutos anteriores fizeram você torcer por ele e odiar tudo o que ele estava passando. Você acredita na jornada dele.

Ao criar um pequeno momento "tudo está perdido" em sua história ou pitch, você cria um interesse fundamental em seu público. Você cria aquele momento em que eles parecem acreditar em sua história. A todos com quem trabalho eu digo que existem apenas três opções com possíveis desvantagens ou pontos negativos:

A. Você menciona o aspecto negativo e deixa seu público tentar resolvê-lo.
B. Você espera até que seu público aponte o lado negativo e depois tenta abordá-lo.
C. Ninguém traz à tona o ponto negativo, o público acredita nele e ninguém assume a tarefa de resolvê-lo ou encará-lo.

Para você, qual é a estratégia mais poderosa?

A alternativa A, certo?

A propósito, não há opção D, na qual o público não percebe ou não pensa no aspecto negativo. No mundo de hoje, seu público está sempre analisando todas as afirmações, pronto para encontrar o lado negativo. E ele simplesmente vai concluir que você está tentando ocultá-lo.

Esse é o outro risco/recompensa dessa equação. Ela passa uma impressão bem definida de você e do modo como os outros o percebem.

Seu público odiará você por esconder o lado negativo

Certa vez, trabalhei com uma empresa de biotecnologia que apresentava uma pequena irregularidade em seu modelo financeiro relativo ao lançamento de sua dívida. Não era um ponto positivo, mas também não era um problema enorme. Também não tinha nada a ver com o produto ou a pesquisa e o potencial da empresa. Assisti à apresentação feita aos investidores e, no instante em que o CEO abriu espaço para perguntas, foi bombardeado por questões sobre a dívida e sobre a maneira como tudo fora estruturado.

Isso deixou o CEO constrangido e meio irritado. Suas respostas foram meio desdenhosas e incompletas. Por isso, a pergunta seguinte da plateia era mais do mesmo, e assim por diante. Ele recebeu 11 perguntas sobre financiamento e dívida antes que alguém lhe perguntasse sobre o grande novo medicamento para enxaqueca – o ponto principal de sua apresentação.

Não sou um gênio financeiro, mas até eu sabia que a questão da dívida era pequena no quadro geral, e não era nem de longe tão importante quanto a descoberta médica que eles haviam feito. Mas, quando conversei com alguns representantes dos investidores fora da reunião, muitos disseram coisas como "Não confio nele" ou "Provavelmente há coisas nos bastidores que ele não está nos contando" etc.

Aposto que você já viu isso em *Shark Tank*. Mark Cuban (ele é quem mais faz isso) faz uma pergunta sobre algo pouco relacionado ao pitch e abre uma caixa de Pandora. A mágica do programa é a edição, porque sempre parece que Mark puxou essa pergunta do nada e pegou o empresário desprevenido. Mas, na verdade, há uma sessão bem longa de perguntas e respostas que acontece durante as filmagens e não entra na versão final. Mark está sempre procurando o "O que ele/ela não está me contando?".

Certa vez, trabalhei em um projeto de TV muito divertido com Mark, e ele me disse: "O dinheiro não é importante para mim; as pessoas é que são. E, se descubro que alguém está escondendo informações ou evitando me contar algo negativo, esse é um parceiro que eu não quero".

Infelizmente, o CEO de biotecnologia acabou dando a impressão de que estava propositalmente evitando o problema. Eu sabia que não estava, ele só não acreditava que o problema tivesse relevância. Ele era tão apaixonado por seu trabalho e o considerava tão valioso que achava perda de tempo discutir um simples detalhe financeiro que poderia ser corrigido na próxima rodada de financiamento. Devo dizer que ele teve sorte. Ser CEO de uma empresa de capital aberto implica alguns requisitos sérios sobre divulgação de informações; portanto, ele era obrigado a mencionar aquele fato a seu público, independentemente de qualquer coisa. É assim que funciona com uma empresa de capital aberto. Se ele não fosse obrigado a divulgar o problema, posso garantir que não o teria mencionado uma só vez, e talvez teria sido pior. Porque todo investidor que analisasse seriamente os detalhes de sua empresa acabaria vendo isso.

Se vissem o problema mais tarde, concluiriam que o CEO estava tentando escondê-lo. O público não gosta quando você encobre o aspecto negativo, mas o despreza se você tenta ocultá-lo. Mesmo que não esteja tentando, se eles acharem que você evitou algo de propósito, um alarme vai soar na cabeça dos ouvintes. Eles vão desconfiar de tudo que você disse ou mostrou.

Pedi ao CEO que tentasse abordar a questão da dívida e a discutisse nos três primeiros minutos. Eu queria que ele atacasse essas questões antes mesmo de elas surgirem na cabeça de alguém. Ele ficou relutante, mas eu lhe mostrei como poderia usar aquele momento para explicar a conservadora política fiscal da empresa e quanto isso lhes custava no curto prazo, e que agora eles estavam prontos para passar para a próxima fase – o que estava de acordo com os valores fundamentais de sua empresa.

Eu lhe prometi que ele não receberia muitas perguntas do tipo quando abrisse espaço para o público. A primeira delas foi, de fato, sobre o financiamento da dívida. Mas, dessa vez, foi um investidor perguntando ao CEO se eles estariam interessados em investimento e em um refinanciamento de empréstimo oferecido pelo grupo de que ele fazia parte! Foi uma guinada de 180 graus em relação ao interrogatório que o CEO tinha encarado antes. O investidor viu isso como uma oportunidade, não como um aspecto negativo. E então ninguém mais via o problema da dívida como algo que estava sendo escondido ou evitado.

Portanto, tenha respostas para a pergunta "O que espero que meu público não descubra?" e identifique o que se destaca como um problema em potencial. Observe suas afirmações de interesse e encon-

136   O pitch de 3 minutos

tre as que poderiam provar que essa questão não é um problema. Eu chamo isso de "escora" (porque você pode escorar seu problema nela).

A melhor maneira de fazer isso é imaginar seu público fazendo a pergunta que você não deseja que ele faça. Quais elementos do pitch você usaria para se defender? Qual dentre suas afirmações de interesse é a melhor?

Provavelmente você está tirando a resposta de seus fatos, números, lógica e razão da seção "Tem certeza?" do sistema OCTC. É a parte de seu pitch em que você verifica e valida o que é e como funciona. Portanto, é a oportunidade perfeita para abordar as questões que você mostrará não serem problemáticas.

Se voltarmos ao pitch do WrestleMania, você verá que o aspecto negativo era o fato de o estádio ser novinho em folha. Sim, isso parece ótimo, mas estádios novos sofrem com as chamadas "dores do crescimento". E você não quer que isso aconteça quando há quase 90 mil torcedores em um evento.

Era impossível que Vince McMahon não pensasse nesse fato. Não fazia sentido não mencioná-lo. Então Paraag explicou, enquanto falava sobre o tamanho e a capacidade da arena, que haviam tido alguns problemas no lançamento do estádio. Ele contou histórias de caos, obstáculos e imprevistos.

É claro que Vince McMahon sabe que um estádio de quase 2 bilhões de dólares que abriga uma das maiores franquias da NFL e alguns dos maiores eventos do mundo fará o que for necessário para que tudo corra bem. Mas, como Paraag falou de antemão sobre essas questões, eliminou quaisquer preocupações que Vince pudesse ter quanto ao problema. Além disso, isso deu a Paraag a chance de reiterar, de maneira mais detalhada, que o Levi's Stadium possuía a melhor infraestrutura e era tecnologicamente o mais avançado.

Assim, encontre seu momento e trabalhe com os aspectos negativos na apresentação, usando "Ficamos surpresos ao saber que…", ou "Ainda estou lutando com…", ou "O que estamos tentando evitar é…", ou "O problema que estamos enfrentando é…", ou "Minhas preocupações iniciais eram…" sempre que for apropriado.

Essa é uma ferramenta fácil e eficaz; não tenha medo de usá-la. Não tenha medo de ir fundo. Não dá para ir longe demais. Se os aspectos negativos realmente pudessem quebrar o negócio, você não estaria mais defendendo sua ideia. Acredite o suficiente em seu lado positivo para que ele compense o negativo. Se fizer seu público ver as coisas do jeito que você as vê, ele concordará.

Eu passo esse exercício a todos os meus clientes particulares. Às vezes, a lista de aspectos negativos deles é totalmente falsa e forçada, como se estivessem dando uma resposta padrão às seguintes perguntas em uma entrevista: "O que você não faz muito bem?", "Qual é seu ponto fraco?", "Em que áreas você precisa melhorar?".

Toda vez que ouço algo como "Eu me esforço demais" ou "Sou obcecado por alcançar resultados", meu cérebro responde: "quanta besteira", e isso dificulta a contratação.

Existe uma clara confiança no uso das fraquezas, que brilha quando você as admite sem medo ou rodeios. Ao fazer isso, é como se você gritasse a seu público que você acredita em seu negócio, produto ou serviço tão profundamente que o lado ruim não é um problema e pode ser resolvido a qualquer momento, por qualquer motivo.

Muito bem: está pronto para juntar tudo?

Até agora, temos suas afirmações de interesse, identificamos seu gancho, descobrimos a história que lhe dará a vantagem, passamos sua história pelo método OCTC e identificamos os aspectos negativos que você pode usar.

Agora, deixe-me mostrar como construímos um pitch do zero, e você vai ver exatamente como usar todos esses métodos e testar o seu pitch no mundo real.

11

Seu pitch de 3 minutos

Logo que comecei a escrever este capítulo, soube que um amigo e cliente havia acabado de fechar um financiamento de milhões de dólares para um novo aplicativo. Como ele e eu havíamos terminado recentemente de elaborar seu pitch de 3 minutos – e adoro quando as coisas dão tão certo –, quero lhe mostrar como construímos um pitch do zero, para que você possa acompanhar e construir o seu.

A ideia era para um novo aplicativo chamado Freebird. É uma ideia simples, com muitas peças móveis.

Vejamos como surgiu:

Kurt Brendlinger estava em meu escritório sorrindo de orelha a orelha. Ele havia tido uma ideia para um aplicativo. Gastara o pouco dinheiro que tinha no desenvolvimento e estava decidido a torná-lo realidade.

Ele tinha uma apresentação bastante detalhada, e foi me guiando por ela. Era lotada de fatos, números, opções e jargão técnico. Quando Kurt terminou, eu podia ver a emoção em seu rosto. Ele achava que tudo estava claro como o dia e que eu deveria estar pulando de alegria junto com ele.

Mas não, eu não estava. Pelo menos ainda não.

Escavei junto com ele e dissequei o que realmente era e como funcionava. Assim que pude ver o conceito do aplicativo, fiquei empolgado. E pedi que explicasse de onde havia tirado a ideia.

Kurt teve a ideia do Freebird quando pedia a uma garçonete, em um campo de golfe, sugestões de lugares para o jantar. Ela indicou três restaurantes na cidade, e Kurt perguntou:

"Qual é seu favorito?"

"Eu gosto do Jester", respondeu ela.

"Por que o Jester?"

"Porque eles pagam meu Uber."

Essa foi a centelha. Era isso que Kurt havia desenvolvido: a comodidade, para restaurantes e bares, de ter um serviço de carona.

Kurt tinha a ideia básica do funcionamento do aplicativo, fez alguns testes e criou alguns modelos. Ele havia acabado sua pesquisa e feito tudo o que podia fazer sozinho. Agora, precisava levantar o dinheiro.

De bom grado, concordei em ajudá-lo a construir sua apresentação.

Começamos com os post-its e o quadro branco. Vou literalmente copiar as anotações do quadro de meu escritório.

Tópicos

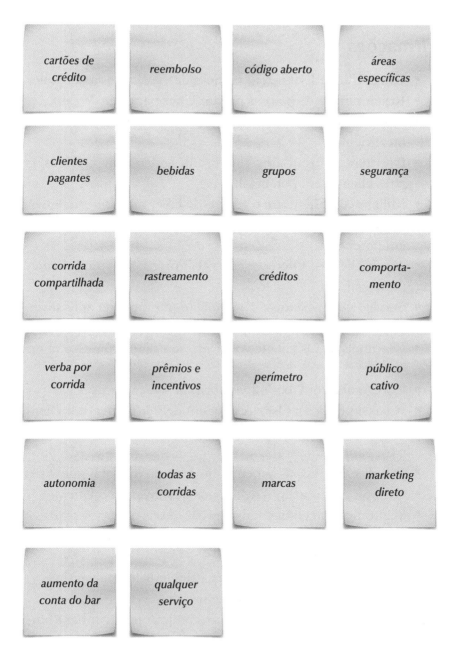

Depois que tínhamos todos os tópicos, começamos a elaborar nossas afirmações.

Afirmações

- Uber: Uber e Lyft fazem milhões de viagens todas as noites.
- Restaurantes: As pessoas pegam Uber para sair de casa.
- Bares: As pessoas vão de Uber aos bares para não precisar voltar dirigindo.
- Corridas grátis: Bares/restaurantes oferecem corridas grátis para clientes em potencial.
- Millennials: Eles usam o serviço de Uber mais que qualquer um.
- Propaganda: Bares e restaurantes podem anunciar para clientes em potencial.
- Atrair clientes: Oferecer corridas grátis para atrair clientes em potencial.
- Serviço por aplicativo: Tudo é feito por meio do aplicativo.
- Cartões de crédito: Compras com cartão de crédito rastreadas.
- Reembolsos: Os clientes recebem seu dinheiro de volta após a compra.
- Código aberto: Uber e Lyft abriram seu código.
- Áreas específicas: Os bares podem definir onde atrair clientes.
- Clientes pagantes: Os clientes devem gastar dinheiro no bar para ganhar a corrida.
- Bebidas: As pessoas bebem mais quando não têm que dirigir.
- Grupos: Atrair grupos de amigos que dividem o Uber.
- Segurança: Incentiva mais pessoas a usar o serviço se for grátis.
- Corrida compartilhada: Todo mundo que sai à noite pensa em usar Uber ou Lyft.
- Rastreamento: Sabemos quem vai aonde e o que gasta.
- Créditos: Damos prêmios pelo uso do serviço.
- Comportamento: O cliente deve comprar para ganhar a corrida.
- Verba por corrida: Os bares podem definir uma verba por corrida.
- Prêmios e incentivos: Oferecemos prêmios de patrocinadores para todas as corridas.

- Perímetro: O perímetro da área determina a verba.
- Público cativo: Usam sempre o serviço.
- Autonomia: O aplicativo chama e paga diretamente ao Uber.
- Todas as corridas: Não só as patrocinadas dão créditos.
- Marcas: Outros anunciantes podem anunciar ou dar prêmios.
- Marketing direto: O aplicativo entrega diretamente ao cliente.
- Aumento da conta do bar: Quando as pessoas pegam Uber para ir a um bar, bebem e gastam mais.
- Qualquer serviço: Não importa se Uber, Lyft, táxi ou algo novo; todos servem.

Em seguida, separamos as afirmações nos baldes de informação e de engajamento:

Informação

- Uber: Uber e Lyft fazem milhões de viagens todas as noites.
- Restaurantes: As pessoas pegam Uber para sair de casa.
- Bares: As pessoas vão de Uber aos bares para não precisar voltar dirigindo.
- Corridas grátis: Bares/restaurantes oferecem corridas grátis para clientes em potencial.
- Propaganda: Bares e restaurantes podem anunciar para clientes em potencial.
- Atrair clientes: Oferecer corridas grátis para atrair clientes em potencial.
- Serviço por aplicativo: Tudo é feito por meio do aplicativo.
- Reembolsos: Os clientes recebem seu dinheiro de volta após a compra.
- Clientes pagantes: Os clientes devem gastar dinheiro no bar para ganhar a corrida.
- Verba por corrida: Os bares podem definir uma verba por corrida.

- Prêmios e incentivos: Oferecemos prêmios de patrocinadores para todas as corridas.
- Perímetro: O perímetro da área determina a verba.
- Comportamento: O cliente deve comprar para ganhar a corrida.
- Autonomia: O aplicativo chama e paga diretamente ao Uber.

Engajamento

- Millennials: Eles usam o serviço de Uber mais que qualquer um.
- Cartões de crédito: Compras com cartão de crédito rastreadas.
- Código aberto: Uber e Lyft abriram seu código.
- Áreas específicas: Os bares podem definir onde atrair clientes.
- Bebidas: As pessoas bebem mais quando não têm que dirigir.
- Grupos: Atrair grupos de amigos que dividem o Uber.
- Segurança: Incentiva mais pessoas a usar o serviço se for grátis.
- Corrida compartilhada: Todo mundo que sai à noite pensa em usar Uber ou Lyft.
- Rastreamento: Sabemos quem vai aonde e o que gasta.
- Créditos: Damos prêmios pelo uso do serviço.
- Público cativo: Usam sempre o serviço.
- Todas as corridas: Não só as patrocinadas dão créditos.
- Marcas: Outros anunciantes podem anunciar ou dar prêmios.
- Marketing direto: O aplicativo entrega diretamente ao cliente.
- Aumento da conta do bar: Quando as pessoas pegam Uber para ir a um bar, bebem e gastam mais.
- Qualquer serviço: Não importa se Uber, Lyft, táxi ou algo novo; todos servem.

Antes e depois

Agora, organizamos algumas frases com a ordem de antes e depois, para ajustar o fluxo.

- Restaurantes: As pessoas pegam Uber para sair de casa.
- Bares: As pessoas vão de Uber aos bares para não precisar voltar dirigindo.
- Uber: Uber e Lyft fazem milhões de viagens todas as noites.
- Corridas grátis: Bares/restaurantes oferecem corridas grátis para clientes em potencial.
- Atrair clientes: Oferecer corridas grátis para atrair clientes em potencial.
- Serviço por aplicativo: Tudo é feito por meio do aplicativo.
- Autonomia: O aplicativo chama e paga diretamente ao Uber.
- Clientes pagantes: Os clientes devem gastar dinheiro no bar para ganhar a corrida.
- Reembolsos: Os clientes recebem seu dinheiro de volta após a compra.
- Comportamento: O cliente deve comprar para ganhar a corrida.
- Perímetro: O perímetro da área determina a verba.
- Prêmios e incentivos: Oferecemos prêmios de patrocinadores para todas as corridas.
- Propaganda: Bares e restaurantes podem anunciar para clientes em potencial.

Então, começamos a filtrar as informações principais pelo método OCTC para deixar tudo claro e encontrar o gancho.

O que é isso?

Aplicativo que permite a bares e restaurantes pagar pelas viagens de Uber e Lyft dos clientes. Os proprietários de bares e restaurantes oferecem corridas grátis a clientes que desejem ir ao bar à noite. Os clientes abrem o aplicativo e veem quais estabelecimentos oferecem a viagem. Eles escolhem o local: se gastarem dinheiro naquele bar ou restaurante, a corrida é grátis. Os bares e restaurantes não pagam pelo marketing para clientes *em potencial*: eles investem em clientes *pagantes*.

Observe que categorizamos o processo de usar o aplicativo como "O que é?", e não na seção "Como funciona?", porque a verdadeira pergunta sobre como ele funciona será como o aplicativo opera para o bar ou restaurante. A ideia principal é que o cliente simplesmente abra o aplicativo e ganhe uma corrida.

Como funciona?

Embora o serviço seja grátis para o cliente, ele tem que gastar dinheiro no bar para ganhar a corrida. O aplicativo Freebird se conecta diretamente ao aplicativo Uber do cliente, de modo que ele chama e paga o Uber como faria normalmente. Com o Freebird, porém, o custo da corrida é monitorado, e quando o cliente gasta dinheiro no bar ou restaurante o valor da corrida lhe é reembolsado automaticamente. Por esse motivo, o bar ou restaurante pode definir a verba que deseja gastar em viagens grátis, e sabe que com cada novo cliente tem a garantia de que ele gaste esse valor no local. Os clientes recebem corridas grátis e os bares e restaurantes recebem novos clientes pagantes. O Freebird cobra uma comissão.

Tem certeza?

O aplicativo permite a bares e restaurantes controlar, pelo número de viagens grátis que oferecem, quando e quanto gastam para atrair clientes. Nos dias em que o bar ou restaurante fica muito cheio, eles podem decidir oferecer pouco ou nenhum incentivo. Nos dias mais parados, podem aumentar a verba e incentivar a chegada de novos clientes. Pesquisas mostram que os clientes que usam um serviço como o Uber gastam em bares e restaurantes 20% a mais que os que não usam. Ao oferecer incentivo para o uso de um serviço desse tipo, os bares e restaurantes atraem clientes que gastam mais.

Consegue fazer?

Uber e Lyft abriram sua estrutura de API (interface de programação de aplicativos) para permitir que aplicativos de terceiros usem sua plataforma diretamente. O Freebird se conecta à conta Uber ou Lyft do cliente para que possamos rastrear suas viagens e correlacioná-las às compras com cartão de crédito. Isso garante que o bar ou restaurante pague apenas as corridas de clientes que gastam dinheiro em seu estabelecimento.

Depois de listarmos a estrutura básica e os elementos de valor na ordem correta, analisamos a construção de nossa história e a conexão de cada ideia.

O gancho

Como já aprendemos, o gancho é algo que seu público deve estar pensando ao ouvir ou ver seu pitch. O que interessa ao Freebird é que o cliente só pode ganhar a corrida se primeiro gastar dinheiro num bar ou restaurante específico. Esse é um grande diferencial, pois é crucial garantir que o cliente compre algo para receber a corrida grátis – sobretudo se pensarmos que o trajeto médio do Uber custa nove dólares e uma comanda de bar registra em média um gasto de 26 dólares.

O gancho é: o Freebird ajuda a encontrar seu cliente, pega-o onde ele estiver, leva-o até seu estabelecimento e garante que ele gaste dinheiro para receber a corrida grátis.

A vantagem e os aspectos negativos

Foi fácil definir e conectar esses dois elementos. O aspecto negativo da ideia era tão grande e definitivo que, ao ser resolvido, levou a ideia além do limite.

Kurt contou sobre como resolveram um dos problemas enfrentados: se pagassem pela ida de alguém ao restaurante, não haveria como garantir que a pessoa realmente entraria naquele estabelecimento em particular. Ele falou sobre os testes iniciais, quando clientes apareciam no restaurante testado só para encontrar amigos e ir dali para outro lugar. Isso era um problema, pois significava que o aplicativo não passava de um anúncio pago, e o bar teria que torcer para que os consumidores gastassem dinheiro em seu estabelecimento.

Quando eles descobriram a tecnologia de Web Scraping, no entanto, tudo mudou. Isso permitiu ao Freebird puxar os dados dos cartões de crédito usados no bar ou restaurante para procurar correspondências com o cartão de crédito do cliente. Quando uma correspondência é encontrada, o reembolso é acionado automaticamente.

> A vantagem: o ramo de atuação do Freebird não é a corrida em si, mas sim o reembolso de corridas.

Depois que definimos essa estrutura básica, todas as outras peças e elementos de engajamento se encaixaram.

Houve muitas ideias grandiosas que deixamos de fora porque tínhamos que acreditar que o público chegaria a elas sozinho. Sabíamos que a ideia de anunciantes pagando pela corrida era algo incrível, mas, como você verá no próximo capítulo sobre a abertura e o encerramento de um pitch, nós usamos o tamanho e o escopo da economia compartilhada de viagens para ilustrar o enorme potencial disso sem tentar dizer e provar.

Eu publiquei em meu site a versão original e também a versão completa do vídeo promocional, da apresentação e do pitch do Freebird, e um vídeo de Kurt fazendo o pitch do aplicativo para uma empresa de capital de risco. É um belo pitch de 3 minutos, e recomendo que você o assista. Uma observação: note a simplicidade dos slides de Kurt. Isso ajudará a ilustrar o próximo capítulo, que fala sobre como usar o PowerPoint. Confira em: 3minuterule.com/freebird [em inglês].

Agora que você viu como o processo funciona do zero, volte e finalize o pitch de 3 minutos para sua empresa ou ideia.

Tudo é uma questão de "e então..."

O grande roteirista e magnata da televisão Stephen J. Cannell era um querido amigo meu. No início de minha carreira, ele me ensinou como escrever uma história. Mesmo que não reconheça o nome, você deve conhecer o trabalho de Stephen: ele foi responsável pela criação de alguns dos programas de TV mais emblemáticos de todos os tempos, como *Arquivo confidencial, Esquadrão classe A, Anjos da lei* e *Super-herói americano*. Você sabe que o programa termina quando ele aparece na tela puxando a folha da máquina de escrever, e ela se curva e forma o C de Cannell Studios. Stephen foi um roteirista brilhante e influenciou alguns dos maiores escritores do entretenimento, incluindo Steven Bochco, Dick Wolf e David Bellisario.

O estilo de Stephen era muito simples, o que podia ser uma bênção ou uma maldição. Ele não conseguia ser provocante, subversivo e sutil. Isso não estava nele. Ele era direto e reto. Por isso, teve mais de 40 séries de TV em sua carreira; uma história clara, com bons personagens, sempre funciona. Sim, de vez em quando um programa com reviravoltas extremamente complicadas e histórias inexplicáveis como *Lost* faz sucesso, mas, para cada um desses, há 20 *CSI* ou *NCIS* ou *Law & Order* ou *Esquadrão classe A* que funcionam durante anos.

Stephen tinha duas regras de ouro para suas narrativas de sucesso.

A primeira era: "Sempre mostre ao público o que o bandido está fazendo" (espero que você não precise aplicar isso), e a segunda era: "Sempre use o 'E então...' para cada cena".

Se você assistir a uma série de Stephen Cannell ou ler um de seus 22 romances mais vendidos (o que eu recomendo), perceberá que a história flui de cena em cena, assim: "Aconteceu isso, *e então* eles fizeram isso, *e então* foram para esse lugar, *e então* o plano era, *e então*...".

Isso é linear e sequencial e conduz o espectador pela história. Você sabe como vai acabar e sabe que tudo vai se resolver, porque ele está lhe dando peça por peça. No clímax, mesmo que saiba como vai acabar, você está tão inserido no processo que deseja que termine exatamente do jeito que imaginou. Quantas vezes você ficou zapeando pelos canais de TV e se viu assistindo a um episódio de *CSI*, ou a um especial do *Dateline*? Eles são campeões da narrativa do estilo "E então...".

Não dê uma de Tarantino em sua apresentação

Eu sou um grande fã de *Pulp Fiction*, de Quentin Tarantino, e talvez você também seja; mas ele está em uma ilha junto com os poucos filmes e séries de TV que fizeram sucesso depois de romperem drasticamente com o padrão. Para cada filme ou programa de TV que é bem-sucedido por quebrar as regras, pelo menos mil se tornam um sucesso justamente por seguirem o padrão.

Sua história, seu pitch de 3 minutos, é uma história do tipo "E então...". Direta, linear e clara.

Seu objetivo é que seu público pense "E então..." o caminho todo. Você *quer* que eles pensem que sabem como vai acabar. Que eles anseiem pela solução desejada. Você quer que a *sua* conclusão seja a conclusão *deles*.

É assim que eu quero que você faça seu pitch e apresente e transmita informações. Quero que você faça o público inconscientemente dizer "E então..." depois de cada afirmação e informação. Nós vamos espalhando migalhas, farelos de pão deliciosos e fáceis de seguir.

Eu digo a muitos clientes: "Você não é M. Night Shyamalan, isto aqui não é *O sexto sentido*". Não seja astuto demais, não seja meigo, não tente construir uma grande revelação, não tente desviar e surpreender, não tente quebrar o padrão.

Talvez você queira ser o Quentin Tarantino dos pitches e apresentações. Pode ser que você tenha talento para quebrar todas as normas e chegar ao sucesso criando seu próprio caminho. Mas é provável que seus talentos estejam em outro lugar; além disso, ser bem-sucedido quebrando todas as regras é muito mais difícil que seguir o caminho testado e aprovado. É por isso que, quando o assunto é pitch, uma de minhas regras de ouro favoritas é: "Não tente dar uma de Tarantino".

Analise seu pitch de 3 minutos algumas vezes e, quando estiver de seu agrado, publique-o anonimamente [em inglês] em 3minuterule. com/my3minutes. Eu seleciono e faço a crítica dos mais ilustrativos para que você possa ver e aprender com a experiência de todos.

O teste do telefone

Este é um teste divertido e revelador que *obrigo* as pessoas a fazer. Se eu pudesse, obrigaria você a fazê-lo.

Aquilo que você acredita ser claro, conciso e fácil de acompanhar pode não ser assim para os outros.

O que talvez você não tenha percebido em relação aos grandes roteiristas de Hollywood é que eles têm a singular capacidade de tornar claras imagens, emoções e histórias para todos da mesma maneira.

A questão é que toda pessoa que escreve um roteiro acha que ficou ótimo. Isso é porque a motivação e as emoções estão perfeitamente claras para o roteirista. Ele entende totalmente os personagens, as reviravoltas e os elementos da história. Tudo claro como a luz do dia.

Mas surpresa! Nem todo escritor é bom em fazer com que o público veja sua história e personagens da maneira que ele vê (isso lhe soa familiar?). A única diferença entre um ótimo roteiro e um roteiro regular é a capacidade do leitor de entender tudo como o escritor pretendeu que fosse. Isso, sim, deve lhe parecer familiar. Foi disso que falamos em todas as páginas deste livro.

Veja seu pitch de 3 minutos. Aposto que você o sente, conhece, entende, aprecia e acredita nele. Para você, ele é bem claro e conciso. Talvez até ache que ficou simples demais. Então, vamos testar essa teoria.

Quero que você entre em contato com um amigo e peça a ajuda dele. Escolha alguém que não conheça seu pitch ou apresentação, ou talvez nem seu negócio. Peça a ele que ouça seu pitch, e depois que chame outra pessoa e repasse seu pitch para ela. Peça a ele que passe seu pitch mais uma vez a uma terceira pessoa, que ligará para você e o passará de volta.

Você sabe o que vai acontecer, não é? Você ou seus filhos provavelmente já brincaram de telefone sem fio alguma vez na vida.

E o que você está pensando deve ser tanto assustador quanto excitante. Sei que você não quer fazer isso, e muita gente vai pular esse exercício; ou você vai fazer o pitch para uma pessoa só e pedir que o devolva a você. Mas esse é um exercício incrível, e você deve aproveitar a oportunidade para obter um feedback verdadeiro. Se fizer isso só com três pessoas, ficará chocado com a quantidade de informações que vai receber. E também ficará surpreso com a quantidade de informações perdidas no caminho. Haverá elementos que você considerava importantes que não chegarão ao fim da linha. Tudo bem, depois você pode ajustar isso; mas você precisa desses dados.

Eu estava em uma reunião com uma empresa que tentava arrecadar dinheiro para dar início a uma rede que forneceria informações sobre maconha legalizada. Era uma ótima ideia centralizar as informações sobre as leis da maconha em um serviço abrangente e de fácil acesso. Você tem uma pergunta sobre maconha, eles têm as respostas. Eles não vendem nada, não estocam nada, apenas prestam o serviço.

Liguei para meu irmão e pedi a meu cliente, Keith (o rei das informações sobre erva), que fizesse o pitch por telefone. Ele fez, e então dei a meu irmão o número do telefone da sala de reuniões. "Preciso que você mostre esse conceito a um amigo seu e, a seguir, peça que ele faça o pitch para outro amigo. Dê a eles o número daqui e peça que liguem para fazer o pitch para nós. Diga que é um jogo e precisamos do pitch dentro de uma hora."

Desligamos o telefone, voltamos ao trabalho e conversamos um pouco mais sobre a empresa. Depois de 45 minutos, o telefone tocou. Você não acredita na emoção que tomou conta da sala. Colocamos no viva-voz.

"Olá, aqui é o Jeffrey. Pediram que eu ligasse para você por causa de um jogo de pitch, certo?"

Jeffrey era um millennial.

"Sim, Jeffrey. Por favor, vá em frente. Estamos ouvindo."

Jeffrey fez o pitch de uma loja de maconha que armazena informações dos clientes, que podem acessá-las a qualquer momento. Eles têm um serviço de mídia social para encontrarmos notícias específicas do ramo da maconha.

Foi uma confusão, algo completamente diferente do que Keith havia dito em seu pitch. Um dado revelador: a única informação que sobreviveu foi o número de telefone, 1-800-DUI-HIGH. Jeffrey sabia perfeitamente que esse era o número para você ligar se tivesse dúvidas sobre as leis de seu estado e se precisasse entrar em contato com um advogado especializado em problemas com maconha.

Foi bem útil. Mostrou-nos quais partes do pitch estavam ecoando (as pessoas tendem a se lembrar das coisas de que gostam ou que as atraem) e que algumas ideias de Keith pareciam claras no papel, mas não estavam sendo entendidas.

Seu pitch de 3 minutos   153

Repetimos esse jogo mais algumas vezes (na verdade, tivemos que comprar 200 dólares em cartões-presente da Starbucks para convencer as pessoas a jogar depois que ficamos sem conexões pessoais) e, por fim, o pitch de Keith voltou exatamente como tinha saído da sala de reuniões. Foi bem empolgante.

Talvez você se sinta apreensivo; eu entendo. É como me sinto ao exibir um filme pela primeira vez para um público que não me conhece. Odeio isso. Ou quando tenho que ir a Las Vegas para fazer um *focus group* para um programa de TV com 12 estranhos, que receberam 25 dólares e um sanduíche para opinar sobre meu programa. Mais de uma vez, tive vontade de atravessar o espelho falso e estrangular alguém.

Mas é importante enfrentar a realidade do público e das pessoas para quem você vai fazer seu pitch. É o que você vai enfrentar, de modo que é melhor que seja nos seus termos e em um ensaio. Posso garantir que o que vai aprender valerá a pena.

Jogue esse jogo. Faça as ligações. Compre os cartões-presente, se necessário.

Faça isso uma vez e você ficará viciado. Sim, é meio chato da primeira vez, porque você vai querer gritar "Mas que imbecil!" quando o pitch de outra pessoa não for tão bonito e óbvio como o que você fez. Mas, quando atender ao telefone e um estranho fizer o pitch de sua ideia certinho, você vai gritar de alegria. Eu já vi isso.

12

Abertura, retorno e final

Estou sentado do outro lado da mesa caótica de Jimmy Fallon, cercado de brinquedos, penduricalhos, fotos e itens que nem consigo descrever (e eu achava que meu espaço de trabalho era "cheio"). Estamos em seu escritório descolado em Nova York, no 30 Rockefeller Center, rindo histericamente enquanto relembramos Cameron Diaz deitada em uma rede com 48 coelhos.

Espere aí. O quê?

Sim, você leu direito: Cameron Diaz deitada em uma rede com 48 coelhos. Graças a Jimmy Fallon.

Jimmy Fallon é o mestre absoluto da abertura. E é disso que trata este capítulo.

Eu vi Jimmy fazer a abertura brilhante de um pitch em uma reunião com a NBC para um programa que vendemos chamado *That's a Record*. Jimmy disse ao presidente da rede que o YouTube estava mudando a maneira como ele buscava comédia e entretenimento, e emendou que todos os seus amigos faziam o mesmo.

Ele contou que Cameron Diaz havia visto um vídeo hilário de alguém que batera um recorde mundial segurando coelhos deitado em uma rede.

Como diabos isso é um recorde? Ela não conseguia esquecer aquele absurdo. Então, Jimmy sugeriu que ela quebrasse o recorde no programa. Por nenhuma outra razão, Cameron Diaz se deitaria em uma rede no palco com 48 coelhinhos fofos. Então, ela fez isso.

Se você não viu essa cena, precisa assistir (https://recordsetter.com/world-record/bunnies-snuggled-with-hammock/932)!

O mais importante é que essa história estabeleceu a "razão de ser" do programa (explicarei isso em breve), e logo todos queriam saber mais sobre nossa ideia.

Jimmy explicou que uma estação de rádio na Austrália viu o vídeo de Cameron Diaz e decidiu superar o recorde. O vídeo viralizou, então Jimmy chamou Cameron para bater o recorde de novo. E ela bateu.

Então, você fica sabendo que todos os amigos famosos de Jimmy estão falando sobre vídeos divertidos que encontraram no YouTube e recordes ou façanhas estranhas que gostariam de tentar fazer.

Acontece que existe um banco de dados de verdade, chamado RecordSetter (originalmente chamado International Record Database – Banco de dados internacional de recordes) que controla os recordes mundiais de qualquer coisa. Você só precisa mandar a papelada e a prova do seu feito e eles registram o recorde.

Então, Jimmy passou a receber amigos famosos e dois juízes do RecordSetter no programa, toda semana, para estabelecer recordes hilários e divertidos.

E foi assim que criamos *That's a Record*.

Pode parecer uma estrutura óbvia, mas a história e a estrutura de Jimmy são um pouco mais sutis e inteligentes do que parecem.

O que Jimmy fez com maestria é um tipo de narrativa e interação chamada "pré-suasão". É o processo de influenciar o que seu público está pensando *antes* de começar o pitch ou apresentação. É um sistema clássico de contar histórias em Hollywood, que cineastas e escritores de ficção usam para gerar certa sensação e entendimento antes de a história começar. É uma técnica importante e poderosa, e desde que a descobri e comecei a estudá-la passou a ser um elemento essencial de todos os pitches e apresentações que faço e todas as histórias que conto.

Eu sempre pergunto em meus seminários: "Por que a mãe do Bambi morre no início do filme?".

A Disney poderia facilmente ter contado a história de que Bambi se perdeu, ou não mostrar a mãe de Bambi morrendo, ou mostrar isso mais tarde. Mas ao abrir com essa cena eles instantaneamente puseram as emoções e os pensamentos do público bem onde precisavam estar para entrar na história de Bambi. A mãe dele não tinha nada a ver com a história de verdade. Analisando o filme, você vê que quando a mãe de Bambi morre é que começam a jornada dele e o filme.

Vejamos meu filme favorito, *Coração valente*. Tudo bem, pode tirar sarro. A abertura é o pai de William Wallace lutando contra os ingleses e voltando morto. Depois disso, estamos preparados para ver esse jovem garoto retornar e acabar reivindicando seu país.

Isso é pré-suasão.

Jimmy Fallon é tão bom nisso porque os comediantes fazem pré-suasão em quase todas as piadas. Eles montam a cena antes de contar a parte engraçada da piada. Muita comédia é feita de pequenas histórias, de modo que os comediantes dominam a arte da pré-suasão.

Quando estávamos fazendo o pitch do *That's a Record*, a introdução de Jimmy visava fazer o comprador da rede pensar: "Eu gostaria de ver isso". E, quando se faz o pitch de um programa de TV, é muito bom que o comprador tenha essa sensação antes de você começar a apresentação e explicar o programa. Jimmy contou a história de Cameron Diaz com os coelhos e disse que seus amigos famosos queriam fazer esquetes engraçados. Essa história foi a introdução.

Então, voltemos ao pitch que você criou no Capítulo 11 e vejamos como desenvolver uma introdução que prepare seu ouvinte do jeito certo.

Comece se perguntando o que gostaria que seu público estivesse sentindo ou pensando *antes* de você começar seu pitch. Para ajudá-lo a definir isso, pense sempre no que as pessoas *mais gostariam* de ouvir no seu pitch. Assim, você criará uma introdução que as levará a *sentir* o que elas *desejam*.

Lembra-se de minha amiga Virginia, que fez o pitch do Airbnb para cavalos? Ela sabia que os investidores *queriam* ganhar dinheiro. Ela queria que eles *sentissem* que aquela ideia poderia ser uma oportunidade de ganhar dinheiro e conquistar um mercado inexplorado.

No caso dela, a melhor abertura para seu pitch foi um resumo bem rápido da força e oportunidade oferecidas pela explosão de popularidade do Airbnb.

A chave para sua abertura foi a história do Airbnb e os problemas que a empresa teve no começo para fazer os capitalistas de risco entenderem o valor da ideia. Todo mundo pensava: "Quem iria querer ficar na casa de um estranho?".

Então ela ressaltou que, poucos anos depois, o consumidor já está totalmente à vontade com o modelo Airbnb. A economia compartilhada agora faz parte de nossa cultura. Tudo graças ao Airbnb.

A essa altura, ela estava pronta para dizer aos investidores que o Bed and Bale é o Airbnb para cavalos. Seu potencial investidor já estava sentindo que as pessoas *sabiam* o que era o Airbnb e como funcionava. O consumidor já entende aquilo, e a oportunidade e a estrutura já estão estabelecidas. A história de Virginia sobre tudo que o Airbnb fez para construir a plataforma e criar o sistema, tanto do lado do consumidor quanto do lado operacional, mostrou que todo o trabalho pesado já havia sido realizado. Agora você entende o que ela quis dizer; quem tem cavalos entende imediatamente.

A abertura de Jimmy mencionando Cameron Diaz, a rede e os coelhinhos destacou para os executivos de TV que o YouTube é uma ótima fonte de material imperdível. O insight foi que Jimmy e seus amigos famosos poderiam aproveitar esse potencial.

A razão de ser

Estou conduzindo você ao que chamo de **razão de ser**. A razão de ser diz ao público como você se envolveu com essa ideia ou proposta. Fala de por que você se interessou por essa ideia e de onde ela surgiu – e, mais importante, como descobriu que a ideia era boa.

Pense nisso em termos de uma história. A razão de ser é o que diz: "Agora você sabe por que estou prestes a contar *essa* história sobre *esse* personagem". A mãe de Bambi está morta.

O pai de William Wallace está morto. O Airbnb criou um mercado (aqui, ninguém está morto). Havia um vídeo muito engraçado no You-Tube e agora Cameron Diaz está deitada em uma rede com um monte de coelhinhos.

A razão de ser diz sutilmente ao público por que ele deveria se importar com o que você tem a dizer. E, quando ela é bem-feita, abre a mente dos interlocutores para as possibilidades futuras e os prepara para a história e os eventos que estão prestes a se desenrolar. É como um ato de abertura em um programa de comédia ou um show de rock: prepara você para o que está por vir.

Então, seu objetivo é encontrar seu ato de abertura.

- Para começar, faça a si mesmo algumas das seguintes perguntas:
- Por que estou animado com isso?
- Quando descobri essa oportunidade?
- O que aconteceu para fazer disso uma oportunidade?
- Qual foi meu primeiro pensamento quando percebi como poderia funcionar?
- Quem abriu meus olhos para as possibilidades?
- Onde eu fiquei sabendo disso?

- De onde surgiu a primeira semente dessa ideia?
- O que me surpreendeu quando comecei a pesquisar a respeito?

Isso o ajudará a encontrar uma história de abertura para seu pitch e estabelecer sua razão de ser.

Quando trabalho com clientes na construção de uma apresentação, sempre procuro uma razão de ser que tenha duas partes:

1. Quando você *achou* que isso era bom.
2. Quando você *verificou* que isso era bom.

A parte 1 é como você abre; a parte 2 é como você "retorna", o que explicarei em breve.

Em meus pitches para as redes de TV, faço isso de forma bem específica. Eu sempre uso uma história sobre um programa de sucesso e algo específico que acho interessante ou convincente. Acabei de vender um programa que é, basicamente, *The Amazing Race* para pessoas absurdamente inteligentes capazes de trilhar seu próprio caminho pelo mundo.

Eu abri o pitch assim:

"Começamos estudando alguns dos sucessos recentes da TV e notamos algo muito interessante sobre a maneira como vem evoluindo a expectativa do público com relação a competições."

Isso diz ao comprador que há certa profundidade na proposta.

"Veja o que o *The Voice* fez com o *American Idol*. O *American Idol* apresentava amadores talentosos, mas o *The Voice* levou os melhores cantores para começar o programa. *Largados e pelados* é como o *Survivor*, mas com participantes especialistas. O *American Ninja Warrior* é o *Wipeout* com gente que entende do assunto e uma pista de obstáculos mais difícil. O público está evoluindo e quer ver uma competição ambiciosa. Percebemos que ninguém havia feito isso com o *The Amazing Race*. Foram 30 temporadas de tolos azarados rodando meio perdidos pelo mundo. Bem, é hora de aprimorar isso e chamar os especialistas. O nome é *The Mad Dash.*"

Minha introdução de menos de 30 segundos explica claramente por que criamos esse programa.

Pense nisso.

Todas as grandes franquias de reality de competições estão sendo transformadas em uma versão de especialistas, então criamos uma dessas para o *The Amazing Race.* Agora você sabe por que estamos nessa sala de reuniões, por que passei meses buscando contratos com gente talentosa e gastei milhares de dólares criando material. Eu tenho uma *razão de ser*, um motivo para estar nessa sala com essa rede de TV nesse momento.

Agora o comprador sabe o propósito do que está por vir e está pronto para ouvir e entender a história. Acabei de lhe contar que Bambi é um filhote de veado, que a mãe dele morreu, que ele está sozinho e precisa sobreviver na floresta. E aqui começa a história de Bambi.

Identifique sua razão de ser e crie a introdução que coloque seu público no lugar certo e no estado de espírito certo.

Comece com o que seu público deseja de sua proposta e encontre a história que explica como você descobriu a maneira de contá-la.

É assim que se usa uma abertura.

O retorno

Agora que você tem uma razão de ser, deseja tirar o máximo proveito possível dela. Se sua razão de ser é forte e convincente, você deve reforçá-la, se puder.

Na estrutura de seu pitch de 3 minutos há uma oportunidade perfeita para isso.

O retorno é um dos dispositivos mais usados em comédia. Como o objetivo é provocar risada, ele é muito deliberado e óbvio. Se você já assistiu a uma comédia stand-up, com certeza já viu isso. O comediante conta uma história e uma piada no começo e depois, durante todo o quadro, volta a ela. É um ótimo recurso para fazer rir e manter o ritmo.

Você não pode ver isso claramente nos filmes ou narrativas de TV porque o objetivo é que seja sutil. Em uma trama de assassinato, será a pista (a garrafa de leite vazia) que você não reconhece a princípio, mas que se tornará relevante mais tarde. Em uma comédia romântica, é o momento em que o casal percebe que um acontecimento anterior (um encontro casual no metrô) era o verdadeiro sinal de que estavam se apaixonando.

A ideia do retorno em um pitch é repetir a razão de ser e verificá-la. Metaforicamente, é o momento em que você diz: "É disso que estou falando!".

É uma ótima maneira de conectar seu pitch à oportunidade que você está apresentando. Isso aproxima o público e diz: "Agora você também está vendo, não é?".

A maneira como estruturamos seu pitch de 3 minutos é perfeita para usarmos o retorno. Ele se encaixa naturalmente depois que você estabelece sua vantagem, que é aquilo que o fez perceber que a ideia era boa, aquilo que você precisa ouvir. Depois de declarar sua vantagem, você sentirá o momento natural de dizer: "Ah, agora você entendeu". Então, você precisa colocar seu retorno nessa verificação.

Por exemplo, quando estávamos fazendo o pitch de *Bar Rescue*, minha abertura foi que personalidades fortes e experiência eram o padrão das franquias de TV a cabo, e que, para o público aceitar uma personalidade espalhafatosa, seria preciso mostrar uma profundidade real. Precisaria haver substância, senão o público sentiria o cheiro de falsidade a um quilômetro de distância. Falei que Gordon Ramsay era conhecido por seu estilo combativo e seus berros, mas ele tinha a competência necessária para equilibrar isso; ele era um baita chef. Simon Cowell podia até ser malvado, mas estava *sempre* certo. Se você não tem competência, está morto. E, quando eu conheci Jon Taffer, em poucos minutos ficou óbvio que ele era muito competente.

Isso está perfeitamente claro em minha abertura. Eu defini que estava lá porque havia encontrado um talento com uma personalidade forte que também tinha conhecimento e profundidade para lhe dar suporte. (Só um lembrete: ao criar sua abertura, certifique-se de não usar grandes gestos e fazer grandes afirmações. Tomei cuidado para não dizer que Jon seria o próximo Gordon Ramsay, e não disse que ele seria um grande astro de TV. Eu afirmei que certas pessoas têm liberdade de expressar um temperamento forte e agressivo justamente por causa de sua experiência. E Jon tinha a experiência.)

Voltando ao pitch de *Bar Rescue*, após a abertura eu expus o gancho do programa e então a vantagem (o *butt funnel* – como alguém poderia esquecer o *butt funnel*?). O momento após a explicação do *butt funnel* era perfeito para retornar à minha razão de ser. "Veja, quando Jon me mostrou a planta de um bar que estava projetando e como usava o *butt funnel*, eu soube que havia muito mais nele do que só uma personalidade marcante. Jon entende de bares tanto quanto Gordon entende de restaurantes."

Consegue ver o encaixe perfeito? É assim que você usa o retorno. Reforcei que Jon é um especialista com conhecimento sério, que foi o que eu disse na abertura. O crucial, aqui, é que eu não disse isso diretamente no começo. Deixei que os fatos e as informações falassem por si. Não precisei dizer e provar; apenas os informei e depois os conduzi a essa conclusão.

Pegue sua razão de ser e pergunte a si mesmo: "Quando eu percebi que estava certo?". Existe uma história ou um momento que serviu para confirmar todos os seus pensamentos e suposições sobre sua proposta? O que aconteceu que fez você perceber que aquilo que estava pensando era verdade?

Você criou uma abertura que conta como chegou aonde está. Agora, crie seu retorno, a parte em que soube que estava certo. Alguma coisa deve ter fornecido a você essa validação.

Isso mostrará a seu público sua jornada, o caminho que você seguiu no compromisso com seu projeto. O objetivo é que seu público conheça sua história racionalizada do jeito que você a conhece. Sua jornada é uma história. É a história de seu compromisso e seu propósito.

Como você chegou lá? Aconteceu alguma coisa que o levou a se comprometer e, agora, você está compartilhando isso com outras pessoas. Seu pitch é uma história que diz: "Foi assim que eu passei a acreditar nisso". Lembre-se: se o público puder ver sua empresa, produto ou serviço da mesma maneira que você, não haverá como não se interessar.

Então, como levar o público a ver as coisas como você as vê?

Primeiro, você explica o motivo de se envolver ou se empolgar (Abertura); depois, conta a história do que é (O que é isso?) e como opera (Como funciona?) e explica como soube que estava no caminho certo (Tem certeza?). Então, fala sobre sua maior dificuldade (Tudo está perdido), conta como a superou e mostra o resultado (Gancho). Aí compartilha essa incrível sensação (Vantagem) e como tudo isso o trouxe até aqui (Retorno), para que agora você possa dividir isso com outras pessoas (Consegue fazer?).

Abertura

O que é isso?

Como funciona?

Tem certeza?

Tudo está perdido

Gancho

Vantagem

Retorno

Consegue fazer?

Você construiu a história. Já tem seus melhores três minutos.

Mas, Brant, e o final?

Esta é a pergunta que sempre me fazem: "Como concluo?". Depois de todos esses detalhes, dessa reconstrução inteligente e do posicionamento detalhado dos elementos do pitch, todo mundo espera um crescendo de proporções épicas que culmine em um *grand finale*.

Sim! Chegou a hora do show de fogos de artifício! Prepare-se para o toque dos trompetes no fim da sinfonia. Todo mundo morrendo no fim de uma tragédia de Shakespeare.

Qual é o final do pitch de 3 minutos? Como saio em grande estilo?! Está preparado para isso?

Você não precisa.

Você não precisa de um final. Nem mesmo deseja um.

Depois de tudo que colocamos no pitch, o final praticamente não tem consequências. (Adoro essa parte.)

Simplificando, se você fez seu pitch ou apresentação da maneira como exploramos neste livro, a forma como você o termina não faz diferença.

Eu costumava terminar meus pitches com um ditado ou trocadilho inteligente que me levasse de volta ao título do programa. Por exemplo, "Por isso esta é uma *master* ideia, digna de um *MasterChef*!", ou algo parecido. Mas cada vez mais eu notava um sorriso amarelo se espalhando pela sala.

Tudo até aquele momento tinha sido tão natural e genuíno que o final forçado estava começando a parecer cada vez mais artificial e ensaiado.

Então, simplesmente pare de falar. Você já disse o suficiente.

Se você já viu *Shark Tank*, sabe que sempre há um empreendedor que diz algo do tipo: "Muito bem, tubarões, qual de vocês quer mergulhar conosco?", e você ouve os lamentos e risadas forçadas. Parece que os competidores são impetuosos quando falam sobre seus negócios e empresas, mas, no fim, é como se dissessem: "Sim, sou um amador fazendo um pitch para você em um programa de TV".

Nunca diga ou faça algo em seu pitch que relembre a seu público que você está tentando fisgá-lo. Não os faça lembrar que você ensaiou mil vezes e está fazendo exatamente o mesmo pitch para quem quiser ouvir. Se você conta uma história e guia as pessoas com suas migalhas de informação, você está criando impulso e fazendo com que elas foquem a atenção em você. Seu final cativante ou trocadilho não é o clímax do pitch – você já passou por ele –, então não tente usar palavras inteligentes para encerrar.

Eu já experimentei dezenas de técnicas de encerramento diferentes, e nada funcionava quando tentava, de propósito, criar algo legal para o fim.

E acabei descobrindo a versão que funciona melhor. É basicamente nada. Quase nenhum tipo de encerramento.

O importante são seus três *primeiros* minutos; sempre há mais coisas para dizer. Você não precisa tentar embrulhar tudo com um laço em cima.

Quando faço o pitch de um programa de TV usando o Prezi ou o PowerPoint (continue lendo, há um capítulo crucial a seguir), finalizo simplesmente mostrando o slide do logotipo e não digo mais nada. É sério: às vezes eu literalmente não digo nada; apenas paro de falar e mostro o logotipo.

Isso remonta ao cerne de meu princípio "Fale menos e consiga mais". Eu já expliquei minha proposta, como funciona e por que é tão boa, e provei que sou capaz de executá-la. Que mais há a dizer? Nada. O pitch acabou. Agora, é hora de engajar e discutir. Alguma pergunta?

Isso funciona em qualquer situação. Sempre que você fizer um pitch ou apresentação, estará diante de um destes dois formatos:

1. Pitch e engajamento: Você faz sua apresentação para uma pessoa ou um grupo e discute a proposta diretamente.
2. Pitch e perguntas: Você fala por mais tempo ininterruptamente, e responde a perguntas específicas depois dos três mi-

nutos. Isso é muito comum em apresentações para empresas ou grandes grupos.

Terminar sem concluir funciona perfeitamente nos dois cenários. O segredo é haver uma separação entre a fase do pitch e a fase do engajamento. Depois de terminar seu pitch, mas antes das perguntas ou da discussão, faça uma pausa de alguns segundos. É como o comercial depois do jogo de futebol e antes da mesa-redonda.

"Muito bem, agora que você sabe o que é, como e por que funciona, responderei a eventuais perguntas e falarei de mais alguns detalhes que forem de seu interesse."

Trabalhei com um CEO muito engraçado de um site de apostas on-line que tentava enfrentar os gigantes do ramo DraftKings e FanDuel. Ele era cheio de energia e muito divertido, e simplesmente não conseguia parar de fazer piadas e mostrar sua sagacidade na apresentação.

Aquilo funcionava até certo ponto, mas suas gracinhas pareciam levianas e desdenhosas. Ele dirigia uma empresa de capital aberto e, como tal, tinha um protocolo a seguir na apresentação. Então, quando aperfeiçoamos seu pitch de 3 minutos, eu lhe disse para encerrar a fala com o logotipo da empresa.

"Mas ainda não terminamos. Tenho mais um monte de informações para repassar", respondeu ele.

"Eu sei, mas essa pausa clara após o pitch principal será um sinal de que você vai começar a se aprofundar nos detalhes."

E assim ele fez. De fato, quase todas as empresas de capital aberto com que trabalho seguem essa estrutura. O objetivo é dar ao público o sinal de que está na hora das perguntas e respostas, mesmo que ninguém tenha questões a fazer. Você começará a responder às perguntas que eles provavelmente teriam. Ou fornecerá outros tópicos interessantes que, uma vez entendido por completo o conceito, serão infinitamente mais valiosos.

Cada uma daquelas afirmações de valor que você cortou de seu pitch de 3 minutos serão usadas nesse momento.

Você vai descobrir que, se parar de falar quando seu pitch terminar, terá a interação mais informativa e importante de sua apresentação nos 15 segundos seguintes. A primeira coisa que sai da boca de seu público nessa hora diz tudo que você precisa saber.

Preste muita atenção nesses primeiros momentos. Essa é a parte boa.

Você conseguiu! Já tem seus primeiros, melhores e mais poderosos três minutos. Você dominou a regra dos 3 minutos à prova de falhas e agora está pronto para lançá-la ao mundo!

Mas espere um pouco.

Eu odeio o PowerPoint.

Steve Jobs disse certa vez: "Pessoas que sabem do que estão falando não precisam do PowerPoint". Eu sei que você sabe do que está falando e que provavelmente usará o PowerPoint ou outro programa para fazer seu pitch ou apresentação. Você não precisa disso, mas, se quiser usá-lo, certifique-se de que o use da forma certa.

A última coisa que quero é que todo o nosso trabalho duro seja desfeito pelo PowerPoint. Acredite, isso acontece muito mais do que deveria.

13

PowerPoint do jeito certo

Posso não conhecer você nem saber nada a seu respeito, mas acho que provavelmente você está tão irritado e desanimado com o PowerPoint quanto eu. Na verdade, não sei se isso é possível. Porque eu *realmente* odeio o PowerPoint.

E perdão por ser presunçoso, mas há uma boa chance de que, se usa o PowerPoint, o Prezi ou outro software, você seja parte do problema.

Não é culpa sua. É que ninguém estabeleceu regras ou diretrizes básicas que todos deveriam seguir para não enlouquecermos com apresentações horríveis de PowerPoint.

Então somos todos culpados. (Sim, eu também já fiz isso.)

Se eu fosse adivinhar, diria que você literalmente lê o conteúdo de seus slides – que seu público na verdade já leu –, ou deixa a apresentação na tela para que eles leiam em vez de ouvir o que você tem a dizer. E tenho quase certeza de que usa seus slides como folhetos.

Pare de fazer isso!

Quando, em um seminário ou palestra, explico como usar o PowerPoint, sempre pergunto: "Alguém aqui é designer gráfico?

Alguém aqui está vendendo sua capacidade de criar gráficos ou apresentações interessantes?".

Ninguém nunca (bem, uma vez) levanta a mão.

"Então vocês não precisam focar em gráficos ou slides."

Se você já me viu fazer uma apresentação ou falar no palco, sabe que sempre uso slides simples, só de texto, em preto e branco. Literalmente. Tenho uma equipe dos melhores especialistas em design gráfico e animação do mundo e só uso textos simples em preto e branco. Nada mais.

Por quê?

Eu uso os slides para enfatizar minhas informações; não quero que eles façam o trabalho por mim. E, com toda a certeza do mundo, não quero que eles distraiam a plateia.

O público mais experiente e sofisticado já viu todos os truques, infográficos, quadros brancos e versões animadas em 3D de pitches.

Mas é o que tenho dito no livro inteiro: *seu público só quer as informações*.

Não me entenda mal, é uma boa ideia tentar fazer seus slides parecerem profissionais. Isso transmite algo sobre sua empresa. Porém, nunca vi uma empresa com um pitch conciso e convincente que apresentasse slides amadores ou simples.

É *sempre* exatamente o oposto. Eles vêm com slides elaborados, detalhados e coloridos, e criam transições legais de um para outro, e tópicos que se mexem, mas suas informações são incompletas e confusas. *Sempre.*

Já perdi a conta da quantidade de pitches que já vi repletos de firulas. Isso grita "amadorismo". Sinaliza para o público que você está tentando distraí-lo.

E não é isso que você quer.

É por isso que odeio o PowerPoint. É o maior assassino de apresentações de todos os tempos. É uma ameaça para a sociedade.

Ele me deixa louco.

Descobri no início de meu coaching (detalhado anteriormente neste livro) que eu precisaria gastar quase tanto tempo para ajudar as empresas a simplificar seu PowerPoint quanto para simplificar sua mensagem!

O que havia de tão atraente nesse PowerPoint que cativava tanto os meus clientes (e a mim, por um tempo)?

Eu gastava semanas e milhares de dólares projetando e montando gloriosas apresentações em PowerPoint para todos os meus pitches de programas. Eram lindas, mas, olhando em retrospecto, eram totalmente desnecessárias e inúteis.

Conforme eu descobria o poder da regra dos 3 minutos e desenvolvia minha técnica, fui percebendo que aquelas apresentações elaboradas e bem projetadas confundiam a mensagem. Parecia que, a cada novo pitch, eu eliminava uma transição ou excluía um zoom e dizia à equipe: "Basta colocar a foto com o texto, não preciso que ele se mexa ou dance".

Esse processo de simplificação do PowerPoint progrediu de mãos dadas com minhas outras técnicas de pitch e apresentação.

Acabei desenvolvendo uma diretriz que eu poderia implementar depressa para ajudar outras pessoas a manter suas apresentações em PowerPoint sob controle e no caminho certo. Eu me senti compelido a fazer algo para evitar a disseminação de más práticas de PowerPoint.

Um dia, o orador principal do Hall da Fama, Jeffrey Hayzlett, e eu participamos juntos de um painel. Eu estava expressando meu descontentamento com o PowerPoint e me queixava de como ele era mal utilizado. E Jeffrey disparou: "Moisés só precisou de duas pedras e dez tópicos para sensibilizar seu povo. Você acha mesmo que precisa de mais?".

Bum! Verdade absoluta.

Agora eu tenho meus Mandamentos do PowerPoint – e são dez, para deixar bem clara a metáfora.

Se você pretende usar o PowerPoint em seu pitch, vai ter que seguir esses mandamentos, como se eu aparecesse para você em uma visão e seu livro de repente pegasse fogo.

Entendeu?

Os mandamentos do Powerpoint

1. Seus folhetos *não são* seus slides de apresentação

Se eu pudesse fazer as pessoas lerem e seguirem só uma frase deste livro inteiro, acho que seria esta: seus folhetos *não são* seus slides da apresentação. Isso pouparia ao mundo muito estresse. Sem dúvida, esse é o erro que mais vejo. Os folhetos servem a um propósito bem específico. Eles devem ser distribuídos *depois* de sua apresentação.

Eles normalmente são detalhados e intencionalmente têm uma tonelada de informações. Legal; adoro ler um folheto detalhado e reluzente depois que tudo acabou. O problema é quando você usa essas páginas bonitas como slides e as repete na sua fala. Isso pega muito mal. Gráficos e slides cheios de dados não ajudam ninguém se precisarem ser lidos para serem entendidos. E, se você mostrar slides que as pessoas não conseguem ler e falar sobre essas letras pequenas demais, estará desperdiçando espaço e oportunidades na tela.

Não é bom competir por atenção com suas próprias informações.

As pessoas lerão primeiro se você lhes der algo para ler. Faça o que for, não lhes dê algo para ler enquanto você estiver falando. Simples assim: se quiser colocar um slide para ilustrar alguma coisa, ou um gráfico, retire todo o texto, exceto os títulos e a conclusão. Você pode explicar diretamente como o gráfico funciona e seus parâmetros. É para isso que você está lá. Os slides servem para guiar seu público até elementos importantes que você está prestes a revelar.

Isso é tão importante que vou repetir: nunca dê às pessoas coisas para ler durante sua apresentação. Elas sempre lerão. Sempre. Isso será uma distração e uma irritação, e todo o trabalho que acabamos de fazer sobre fluxo, tempo e estrutura será jogado fora. Se você tiver folhetos grandes e bonitos, a melhor coisa a fazer é mostrá-los e dizer: "Vou deixar isto para vocês quando terminarmos".

Faça slides diferentes para o PowerPoint e para seus folhetos. Sua apresentação está ali para ajudá-lo; seus folhetos, para reforçar o que você já disse. Essa é uma regra importante.

2. Animações, transições e fontes: use com moderação

Em um mundo de comunicações instantâneas e mídias sociais onipresentes, transições bacanas e animações não impressionam mais. Todo mundo já viu isso antes. Ninguém fica impressionado ou deslumbrado.

Se não são impressionantes, para que servem? Um tópico que flutua ou vai sumindo ajuda a transmitir sua mensagem? Na verdade, não. Portanto, use-os com moderação. Raramente ou nunca uso transições entre slides ou animação de texto; só quero que ele apareça quando eu clico. Como eu disse antes, essas coisas não empolgam o público, e normalmente indicam que você está se esforçando demais. E isso se as usar da forma correta. Porque, se você exagerar ou usar movimentos diferentes ou estranhos, será uma grande distração.

O mesmo vale para fontes sofisticadas ou múltiplas. Existe uma razão para que todas as principais marcas do mundo usem fontes simples e limpas em tudo que fazem. As fontes sofisticadas demais não dizem nada além de que você está *tentando* ser sofisticado. Eu recomendo o uso de uma fonte só em seu PowerPoint; duas, no máximo. Hoje em dia, é fácil usar fontes em excesso, porque o PowerPoint tem muitas opções bacanas.

É uma armadilha, e vai fazer você parecer bobo. Não caia nessa.

Quando vejo um vídeo ou apresentação de vendas com vários gráficos móveis ou fontes cursivas, sei que provavelmente estou lidando com um amador. Não passe essa mensagem.

3. Slides e tópicos somente para elementos-chave ou cruciais

Você não precisa de um slide ou um tópico em bullet para cada coisa que diz. Esse é outro erro extremamente comum – para ser sincero, às vezes eu mesmo o cometo. Já me peguei em um pitch usando bullets ou slides para muitos tópicos ou ideias. Tive que voltar e repensar: "Isso impulsiona a história?". Essa é uma pergunta que desafia os roteiristas a justificar todas as cenas de um script. A ideia é que um roteirista às vezes escreve cenas que criam tensão ou são muito legais, mas que, na verdade, não levam a história adiante.

A regra é simples: se você não precisa disso, não precisa disso.

Você só precisa criar slides e tópicos para pensamentos ou afirmações que realmente precisam ser vistos. É importante ter um motivo para cada slide e para cada coisa que colocar na tela.

4. Máximo de seis tópicos com sentenças simples por slide

Não preencha seu slide com texto e listas. Não faz sentido listar 14 coisas diferentes no mesmo slide. Ao enumerar coisas, você chama a atenção para os slides, e essa parte da apresentação se torna apenas uma lista na tela.

Não use mais de seis tópicos em um slide. Mantenha-o limpo e com os pensamentos conectados. Quando se tratar de um pensamento ou uma seção diferente, vá para outro slide. É importante que seus slides não forcem o público a ler os itens. Você precisa desses tópicos para enfatizar o que está falando, não para falarem por você. Portanto, se puder, sempre faça os tópicos aparecerem na tela um por um, conforme se referir a cada um. Se colocar uma lista de tópicos e tentar falar sobre eles, as pessoas ficarão lendo o que estiver na tela.

Você não precisa de frases completas. Não precisa ser gramaticalmente correto em um tópico. Isso não é para ser lido no sentido literal.

Quando faço uma lista de tópicos para o pitch de um programa, sempre tento condensar as ideias em apenas uma frase.

- Sentença completa não é importante.
- Claro e simples.
- Ressaltar o tópico, não falar por você.
- Você comanda, não o PowerPoint.
- Público acompanha.
- Mensagem enviada.

Parecem as notas de post-its de que falei durante todo este livro? Sim.

5. No máximo dez slides

Se você seguir os quatro primeiros mandamentos, este deve ser natural. No entanto, é provável que você ainda se apegue a alguns pensamentos e ideias que, em sua opinião, precisam de um slide. Mas não precisam. A diretriz é criar, no máximo, dez slides para sua apresentação ou pitch de 3 minutos. Qualquer coisa além disso e você fará um show de slides, e não uma apresentação. Siga a decomposição das páginas 179-180 e atenha-se a dez.

Após seus três minutos, você pode ter um pouco ou muito mais para tratar com seu público. Tento seguir a regra de um slide por minuto se estiver fazendo uma palestra ou apresentação mais longa.

6. Não leia seus slides

Todo coach de apresentações ou pitches lhe dará este conselho e instrução:

Não leia seus slides.

Você não deve ler seus slides. Mas vou expandir isso um pouco, porque já vi muitas pessoas que não conseguem memorizar sua apresentação de três minutos. Na verdade, às vezes faço tantos pitches de programas de TV que não consigo decorar tudo perfeitamente. Portanto, quando digo para não ler seus slides, não quero dizer que você precise decorar tudo à perfeição. Isso seria bom, mas não crucial. Em termos ideais, se você seguir os mandamentos, seus slides serão suficientemente breves para que você não precise lê-los. Use-os como notas. É útil quando um tópico ou uma imagem aparece para lhe recordar o que você está tentando dizer.

Eu uso essa técnica em muitos dos meus pitches, porque acho que atrai o público para o que estou dizendo. Frequentemente paro um pouco, volto-me para a tela e clico no próximo slide ou tópico. Então, eu o leio e explico o contexto. Como meus slides e tópicos são muito breves, funcionam como uma trilha natural de migalhas de pão. Uso isso como uma técnica de direcionamento de atenção. Direciono o olhar do público e o guio para o que vem a seguir.

Não leia seus slides, mas, caso leia, use isso para levar seu público a cada ponto do ritmo e da ordem que você determinou.

7. Uma imagem vale mais que mil tópicos

Algumas das apresentações mais dinâmicas e interessantes que já vi foram feitas sem um único texto na tela. Se você puder usar uma foto e falar sobre ela, será melhor do que mostrar um monte de texto escrito em uma fonte minúscula. É melhor colocar uma foto de seu galpão de depósito e descrevê-lo que usar tópicos com as dimensões dele e uma lista das instalações.

As pessoas processam imagens visuais quase instantaneamente, de modo que o foco delas volta a suas palavras segundos depois de verem a imagem. Dá para transmitir ideias muito melhor por meio de imagens que por meio de texto. Se você tem a imagem, o texto não é necessário.

As mesmas regras se aplicam quanto a simplicidade e relevância. Não use 30 fotos nos três primeiros minutos. Não use uma imagem para cada tópico. Uma foto deve substituir todos ou a maioria dos tópicos desse slide. Uma imagem deve ser usada como algo poderoso, não para preencher espaço.

8. Não tenha medo de espaços em branco

Você não precisa mostrar algo na tela a cada segundo da apresentação. Em minhas palestras, muitas vezes minha tela fica com um logotipo genérico ou um slide em branco durante vários minutos. Com isso, mais uma vez, estou dizendo ao público para onde olhar e em que focar. Faço isso a cada segundo da apresentação. O público não tem tempo, nem a tendência, nem a chance de olhar para algo ou ler algo que eu não queira. Quando não estou falando diretamente sobre o texto ou imagem que está na tela, ela fica vazia. Isso direciona o público a se concentrar em mim quando estou falando e a focar na tela quando coloco algo lá. Assim, tudo fica mais proposital e focado. O público naturalmente quer ser conduzido pela apresentação.

Portanto, use o espaço em branco a seu favor. Se encontrar momentos em que imagens ou palavras não sejam necessárias, coloque seu logotipo ou deixe a tela em branco. Você verá que o slide que aparecer depois desses intervalos realmente se destacará. Aproveite esse momento.

9. Imponha seu ritmo

Usar o PowerPoint pode fazer você falar mais rápido. Pode não ser óbvio a princípio, mas acredite: isso acontece. Ele faz você sentir que precisa "chegar a algum lugar", então você começa a trilhar um caminho. E se sente apressado porque tem o próximo slide para exibir.

É um ótimo exercício cronometrar sua apresentação sem o PowerPoint e depois de novo com os slides. Seu pitch deve ficar entre 10% e 15% *mais longo* com os slides. Se usá-los corretamente, eles farão parte de seu pitch e você interagirá pouco com eles.

Se achar que é mais rápido com os slides, vai precisar descobrir que elementos está pulando. Você provavelmente encontrará tópicos que precisam de espaço. Na maioria das vezes, vejo que os clientes abrem um tópico para um pensamento que realmente precisa ser explicado ou que tenha certo peso; mas, como o veem como um simples tópico, ignoram-no quando usam os slides.

Lembre-se de ir do pitch ao PowerPoint, e não o contrário. Não deixe que o PowerPoint guie você ou determine sua linguagem ou ritmo.

10. Pessoas que sabem do que estão falando não precisam de PowerPoint

Steve Jobs pode ter dito isso, mas meu pai era um vendedor de carreira que seguia essa filosofia antes mesmo de o PowerPoint ter sido inventado. O PowerPoint deve ser um bônus, não uma muleta. Muitas pessoas o usam como uma maneira de contar sua história ou transmitir suas informações, e isso é difícil de ser bem-feito. Muitos CEOs no mundo todo têm proibido apresentações em PowerPoint em suas reuniões. Por quê? Porque o PowerPoint, quando usado como muleta, é simplesmente repetitivo e desagradável. Ninguém quer ficar assistindo a uma apresentação de slides. O que as pessoas querem é que as informações sejam entregues da maneira mais eficiente e eficaz possível. O segredo é usar o PowerPoint somente se ele for te ajudar com isso.

Honestamente, eu quase nem uso mais o PowerPoint. Mostro uma cópia do livro, ou um trecho do vídeo ou da matéria que inspirou a ideia. Posso transmiti-la de forma tão clara e eficaz agora que, na maioria das vezes, o PowerPoint parece estar ocupando espaço. Só o uso quando realmente me ajuda ou quando preciso ilustrar muitos detalhes.

Seus três minutos e o Powerpoint

Agora que você tem esses mandamentos em mãos, quero que volte a eles e os leia de novo. Eu espero. Isso é importante.

Até hoje, nunca vi um cliente ou qualquer outra pessoa simplificar bastante o PowerPoint na primeira tentativa. É sempre como trabalhar com o diretor de um filme. Ele está sempre tão envolvido com cada cena que é como pedir que tire um de seus filhos do testamento.

Eu tive que me esforçar muito para que algumas pessoas entendessem o valor de simplificar o PowerPoint para simplificar a mensagem.

Portanto, leia os mandamentos de novo.

Agora que você está de acordo com eles, vejamos como pode criar um PowerPoint que se ajuste a seu pitch de 3 minutos.

Ao criar o pitch, pegamos tudo de valor sobre sua empresa, produto ou serviço e colocamos em uma posição de destaque. Você já tem nas mãos o melhor do melhor. É o time dos sonhos das informações.

Vamos usar o PowerPoint a seu favor. Use-o para ressaltar e destacar os pontos mais valiosos. O PowerPoint é seu copiloto. É o Scottie Pippen para seu Michael Jordan, o Mr. Spock para seu Capitão Kirk. Juntos vocês podem ser melhores!

Primeiro, vou lhe mostrar o esquema para que você trabalhe com base nele:

Abertura = 1 slide: O fato ou a imagem que lhe deu a razão de ser. Mostre-o ou diga como chegou até aqui.

O que é isso? = 2 slides: Sua *logline* ou primeira frase que melhor explica tudo deve ocupar um slide. "O Freebird é o aplicativo que permite a bares, restaurantes e casas noturnas pagar as corridas de Uber e Lyft dos clientes": um slide só com isso. O próximo slide pode conter outros três ou quatro pontos claros.

Como funciona? = 2 slides: É aqui que você coloca alguns tópicos claros. Se estiver descrevendo a funcionalidade, uma lista funciona perfeitamente bem aqui.

Tem certeza? = 1 slide: Normalmente, é uma lista simples. Não precisa exibir slides com gráficos e um monte de detalhes sobre números. Basta mostrar o gráfico e falar sobre ele. Se o público se interessar, ouvirá sua comprovação mais tarde e a investigará.

Tudo está perdido = 1 slide (opcional): Se tiver um bom ponto negativo para apresentar, colocá-lo em um slide ajudará na transição. Mostrará que você o abordou e que tem a confiança de superá-lo e um plano para isso.

O gancho = 1 slide: Um slide simples que destaque e resuma essa coisa que une tudo.

A vantagem = 1 slide: Sempre procuro mostrar aqui uma imagem que ilustre esse momento decisivo. Em meu pitch de *Bar Rescue*, coloquei um slide da planta do bar que Jon estava projetando, com uma grande seta apontando para o *butt funnel*.

O retorno = 0 slide: É tentador mostrar seu momento "Eu não disse?", mas você precisa resistir a isso. Precisa dar a impressão de que esse momento está acontecendo em tempo real. Como se você houvesse acabado de ouvir seu próprio pitch e não pudesse deixar de perguntar: "Entende o que eu quero dizer?". Se você tiver um slide para isso, perderá a espontaneidade e parecerá parte de uma venda.

Consegue fazer? = 1 slide (opcional): Se você conhece seu público ou ele conhece você, ou os detalhes desse item são óbvios, não é necessário ter um slide aqui. Apenas fale sobre isso e pronto. Quando faço um pitch de um programa de TV, nunca uso um slide para como o produzirei, a menos que haja algo único ou especial nisso. Mas, se houver, provavelmente irá para a parte "Tem certeza?".

Todo comprador de TV me conhece. Eles sabem que sou capaz de produzir e como minha produção funcionará. Às vezes, falo sobre o orçamento, quando quero que eles saibam que podemos fazer o programa por um preço razoável. Mas eu não colocaria um slide dizendo: "Menos de 700 mil dólares por episódio". É desnecessário; eu posso simplesmente dizer isso.

Esse é o esquema de um pitch ou apresentação sólida de três minutos. Não mais que dez slides. Cada slide vai ajudar você a passar a mensagem. Cada slide acrescenta algo.

Agora, dê um passo para trás e pense um instante. Tenho certeza de que você viu muitas apresentações de PowerPoint na vida. Imagine se, toda vez que você visse o PowerPoint de alguém, fossem apenas dez slides, com tópicos e imagens simples. O mundo não seria um lugar muito melhor se todos seguíssemos essas diretrizes?

O teste do meu pai

Meu pai foi um profissional de vendas a vida toda. Suspeito que foi com ele que aprendi muitas das coisas que me ajudaram em minha carreira. Ele trabalhava em uma empresa farmacêutica do ramo odontológico e precisava viajar para convencer as companhias de seguros a cobrir um novo tratamento. A ideia era: você paga esse tratamento para todos os seus clientes e gasta menos com sinistros odontológicos. O pitch era meio complicado, porque envolvia jargão médico e conhecimento odontológico para entender como o tratamento funcionava. Se você entendesse essa parte, provavelmente teria uma considerável economia de custos.

Certa vez, meu pai pegou um avião para Toronto para falar com uma das maiores seguradoras do setor. Chegando lá, alugou um carro e parou para comer antes de fazer o check-in no hotel. Enquanto tomava café da manhã, seu carro foi arrombado e toda a sua bagagem – incluindo o material da apresentação – foi roubada. Caramba…

Isso foi anos antes da criação do PowerPoint, de modo que todas as apresentações de meu pai eram feitas com slides e um projetor. Além disso, não adiantava pedir: "Mande-me os arquivos por e-mail que vou imprimi-los na FedEx". O e-mail ainda não havia sido inventado. A situação era: "Eu tenho uma reunião às três horas da tarde e não tenho a menor chance de pôr as mãos em meu material".

Meu pai não teve escolha; teve que ir à reunião desarmado. Ele não tinha nem terno; ainda estava com as roupas da viagem.

Ele entrou na sala de reuniões e explicou a situação ao grupo de oito executivos. Pediu desculpas, mas não havia o que fazer. Foi em frente; explicou sobre a empresa e o tratamento e como funcionava. Ele não tinha gráficos de ensaios clínicos nem de compostos químicos para ilustrar, de modo que resumiu tudo o melhor que pôde. Falou dos resultados e dos detalhes importantes que sabia de cor. Os executivos não tinham nenhum documento à frente para folhear ou ler; ficaram só ouvindo. E fazendo contato visual.

Você já deve saber o que quero dizer.

Quando o pitch dele terminou, os executivos estavam engajados. Houve muitos "Eu gostaria de ver isso" e "Por favor, envie-me mais detalhes", mas foi, claramente, um resultado mais positivo do que ele estava acostumado para aquele tipo de reunião.

Meu pai ficou surpreso com a reação dos executivos. Antes de entrar na reunião, sem nenhum material, ele estava literalmente suando e quase em pânico, mas quando saiu sentia-se com três metros de altura e à prova de balas. Ele sempre dizia que aquele foi um dos melhores pitches de sua carreira.

A partir de então, ele começou a distribuir folhetos com seu pitch *depois* da apresentação; assim, já tinha seu público conectado antes que se aprofundasse no material (não se preocupe, dessas outras vezes ele estava sempre de terno).

Esse é um bom teste. Para fazer seu pitch de 3 minutos de maneira limpa, sem nenhuma ajuda visual nem do PowerPoint, você deve estar perfeitamente à vontade e sua apresentação tem que se sustentar sozinha.

Se você seguiu as etapas deste livro, deve estar se sentindo confiante. Essa é a parte fácil.

Analise seu PowerPoint. Ele faz jus a seu pitch? Seu pitch é claramente melhor com o PowerPoint? Analise até ter certeza de que está melhor com os slides e que as imagens o ajudam. Você imediatamente saberá quando encontrar esse ponto ideal.

Em <3minuterule.com/powerpoint>, você encontra alguns pitches de TV meus [em inglês] para que possa ver como minhas apresentações são claras e simples. E não se esqueça de conferir a apresentação do Freebird para investidores.

Quando achar que acabou, envie-me seus slides de PowerPoint e eu lhe darei uma nota para simplicidade e clareza.

Você acabou! Agora é hora de fechar o negócio, certo?

Errado.

14

"Você está de batom vermelho?"

"Brant, você está de batom vermelho?", perguntou minha mãe outro dia. Não, ela não estava sugerindo que eu me travestia.

Ela se referia a uma apresentação que eu estava lhe mostrando, que continha muito mais poluição gráfica e teatralidade que informações claramente apresentadas.

Minha mãe sempre diz: "A entrega não é tão importante quanto a mensagem".

No mundo de hoje, usar uma infinidade de truques para fechar uma venda raramente funciona se você não fizer o pitch direito. Se fizer certo, não precisará de truques. A maioria das técnicas que aprendemos sobre a linguagem e o processo de vendas foi superada e sufocada pela era da informação. Há até mesmo alguns estilos, ações e técnicas de "encerramento" comuns que, na verdade, prejudicam a mensagem.

Uma coisa é ter um estilo pessoal que não o ajuda em um pitch ou apresentação. Outra coisa é deixar que isso o prejudique.

Este capítulo final representa minha contínua missão de ajudar a erradicar esse problema toda vez que se faz um pitch ou apresentação.

Assim como na guerra contra o PowerPoint, sou implacável na busca por simplicidade e clareza.

Se, a esta altura, você já fez de tudo para montar sua apresentação de modo a passar suas melhores e mais poderosas informações, ainda tem uma grande chance de estragar tudo na apresentação propriamente dita. Vejamos como evitar isso.

Minha cruzada por simplicidade e clareza começou uma década atrás, quando decidi iniciar minha transição de produtor de TV e cinema para coach e palestrante.

Eu era diretor de desenvolvimento da 3 Ball Productions. O ramo de televisão estava crescendo, e vínhamos vivenciando uma explosão de vendas. *The Restaurant* havia se saído bem na NBC, *O aprendiz* (sim, aquele) também estava indo bem lá. *Caçadores de fantasmas* e *American Choppers* também eram grandes sucessos.

Em torno de todos esses programas bem-sucedidos também se criaram negócios derivados impressionantes. Havia grandes contratos de licenciamento, linhas de produtos e oportunidades de turismo que iam muito além do ciclo normal de produção de TV. Todo mundo estava lucrando, e queríamos participar daquilo também.

The Biggest Loser foi nosso programa de maior sucesso, e estava rapidamente se transformando em um sonho de marketing e merchandising, com planos de dieta, equipamentos de treino e dezenas de outras fontes de receita não relacionadas à TV.

Contratamos um diretor de desenvolvimento de negócios para explorar o maior número possível de oportunidades para cada programa que vendemos. Seu nome era Kurt, e ele era muito bom. Nos primeiros meses, ele conseguiu que o Walmart comprasse os produtos de *Quilo por quilo* por um bom dinheiro. Ele era voraz, nós éramos insaciáveis e o mercado estava no ponto.

Um dia, Kurt veio até mim e disse:

"Estou trabalhando em algo grande."

"Adoro grandes ideias. O que é?"

"Vamos procurar a próxima estrela do mundo das vendas, como em *O aprendiz*, mas para vendedores", respondeu ele, empolgado.

Ele notou minha resposta morna.

"Ah, nós já falamos sobre isso. Não é emocionante; as pessoas não aspiram a ser vendedores."

"Você é louco!", retrucou ele. "Sessenta por cento de toda a força de trabalho está na área de vendas. Todo mundo está vendendo alguma coisa! O mercado é enorme!"

"Bem, provavelmente não conseguirei vender isso", disse eu, franzindo o rosto.

"Mas esqueça o lado televisivo disso, essa é a parte pequena", Kurt prosseguiu. "O dinheiro que podemos ganhar com cursos, sistemas e treinamento corporativo fará com que o programa de TV seja só um petisco. Poderíamos até mesmo pagar a rede para colocar o programa no ar."

Ali ele conseguiu minha atenção.

"E eu encontrei o cara. *O* cara que pode fazer tudo isso acontecer", disse ele, sorrindo de orelha a orelha.

Kurt explicou que havia encontrado um coach de vendas corporativo que estava indo muito bem, que era bonito o bastante para a TV e que estava disposto a participar.

"Ele será o apresentador, vai treinar e julgar 12 dos melhores vendedores do país, e, como em *O aprendiz*, a cada semana daremos aos concorrentes uma empresa e um produto específicos para vender. Quem vender mais ganha!"

Eu preenchi o resto:

"A cada semana, traremos um novo patrocinador que queira mostrar seu novo produto para que nosso cara ensine os participantes a vendê-lo."

"Sim!", exclamou Kurt. "A Xerox pagará uma fortuna para estar nesse episódio, porque 12 competidores criarão as melhores maneiras de vender sua nova máquina. Mas isso é só metade."

"Tem mais?"

Eu já estava dentro.

"Quando um patrocinador entra, precisa concordar em contratar nosso cara para treinar todo o seu departamento de vendas. Isso faz parte do pacote do patrocinador. Vamos desenvolver uma linha de DVDs educativos e cursos para vender no pacote. É uma enorme oportunidade de negócios."

Eu podia ver tudo aquilo acontecendo. E fomos atrás.

Minha equipe delineou a parte criativa e o formato do programa e começou a preparar o material. Kurt e sua equipe ficavam procurando patrocinadores e fazendo alguns telefonemas preliminares.

Eu sabia que a ideia de negócios era mais atraente que a do programa. Embora estivéssemos nos esforçando muito criativamente, eu não estava convencido de que tínhamos um ótimo programa de TV. Eu estava empolgado para conhecer nosso talento de vendas e ver se ele poderia nos inspirar a ter mais criatividade para fazer o programa.

Doze pessoas de minha equipe estavam na sala de reuniões quando Dale (nome fictício) se juntou a nós. Ele era exatamente como em seu site, sorridente e confiante.

Ele começou a falar do curso que dava a profissionais de vendas em todo o país. Essa seria a espinha dorsal de nossa ideia de negócios e do programa.

Mas ele era péssimo.

Era tão ruim que eu queria interrompê-lo e chutá-lo para fora do prédio. Era como uma péssima comédia stand-up misturada com os piores conselhos e orientações de um vendedor de carros usados.

Ele não parava de falar em "fechar" e em como configurar a sala para dominar um cliente. Foi repugnante.

Ele disse que ensinava os vendedores a analisar o escritório de um cliente em busca de fotos ou pistas de seus interesses e hobbies. Então instruía seus alunos a inventar hobbies semelhantes, para formar uma conexão. Ele deu um exemplo seu, dizendo que tinha visto uma foto de seu cliente segurando um peixe e, por isso, inventara que também era pescador. O cliente riu histericamente ao explicar que nunca havia pescado na vida. Isso, para Dale, aparentemente era motivo de orgulho.

Até usou o chavão: "Use o nome de seu cliente, é como música para os ouvidos dele".

Desnecessário dizer que Dale não seria nosso próximo astro de TV. Quando pesquisamos um pouco mais, descobrimos que ele nem sequer havia criado o material que usava. Ele apenas o roubava de outros especialistas.

Fiquei surpreso ao saber a quantidade de informação ruim que existia por aí e que estava disponível para ele poder reciclar.

Aquele foi o momento que me fez querer fazer o que faço hoje.

Lembro-me de dizer a Kurt após a reunião:

"Se eu dissesse ou fizesse alguma das coisas que ele disse, seria expulso de todas as reuniões com redes de TV e nunca mais teria permissão para voltar."

Kurt ficou meio decepcionado.

"Talvez você devesse treinar as pessoas", disse ele.

Pela primeira vez, pensei que o que eu fazia poderia ajudar as pessoas. O que eu mais queria era impedir que alguém tentasse se conectar com um cliente em potencial inventando uma história de pescador.

Esteja sempre fechando*

Eu já vi essas palavras em todos os lugares, desde filmes até memes da internet. Eu adoraria mudar o ditado e os memes para: "A informação se fecha sozinha", porque acho que é isso que precisa ser espalhado por aí.

Vimos que, com o público hoje saturado de informações, há sempre o perigo de você prejudicar a qualidade de suas informações atraindo

---

* No original, "Always be closing", em referência ao nome de uma técnica de vendas (apelidada de "ABC") popular nos Estados Unidos nos anos 1990, mas hoje considerada ultrapassada. [N.E.]

o foco para você pessoalmente. O absurdo do peixe de Dale é um exemplo.

Na TV, no cinema e no palco, chamamos o contato direto com o público de "quebrar a quarta parede". É a ideia de que o público está imerso em sua história e, portanto, ignora ou esquece o fato de estar assistindo a um programa de TV, a um filme ou uma peça que foi criada para ele. Ao quebrar essa "parede", o espectador é puxado para fora da história e se lembra de que está *assistindo* a algo, não vivenciando.

Às vezes, isso funciona bem. *Deadpool* é uma franquia de enorme sucesso que usa essa técnica com frequência, já que o personagem de Ryan Reynolds fala diretamente com a câmera. Mas ele faz isso para provocar risos, e está integrado ao enredo e ao personagem. Só poucos programas tentaram isso, e pouquíssimos o utilizaram com sucesso. Quebrar a quarta parede é uma proposta arriscada, mesmo quando feito da maneira certa.

O problema é o seguinte: imagine se, na cena final de *Coração valente* (e qual mais seria?), você visse o operador de câmera passando pela tela, ou o microfone aparecendo. Ou se visse assistentes de palco ou o cenário da cena seguinte ao fundo.

Ainda seria exatamente a mesma cena, com os mesmos elementos, mas não teria o mesmo impacto.

Por que importa se o equipamento de som está visível?

Porque tira o espectador da história, do momento e do processo, e o faz recordar, com um sobressalto, que ele está assistindo a um filme. Ele puxa o foco para a criação da história, e o tira da própria história. Ele interrompe o que os contadores de histórias chamam de "suspensão de descrença".

Normalmente, os cineastas não querem isso. Eles querem que o público fique imerso nos personagens e na história. Querem que o público vivencie o fluxo das cenas e o progresso da jornada até a conclusão.

O mesmo vale para seu pitch. Você não vai querer tirar seu público da história e fazê-lo recordar que você está tentando vender algo a ele.

Seu pitch é um caminho de informações a seguir. É vital deixar essas informações assumirem a liderança. Muitas vezes, ênfase demais no estilo e na personalidade confunde a mensagem. Fique fora de seu próprio caminho.

Eu lutei com isso quando estava começando. Sempre tive uma personalidade expansiva e tendia a fazer apresentações com alto nível de energia. Muitas vezes, meu entusiasmo ofuscava o que eu estava apresentando – ou pior, diminuía a autenticidade do que eu dizia.

Voltemos ao batom vermelho e a como minha mãe me ensinou o valor da presença de palco em pequenas doses.

Minha mãe atua na organização internacional de canto Sweet Adelines. É um coral competitivo de nível global, com 20 mil membros em 24 regiões ao redor do mundo. Cada comitê da Sweet Adelines inclui até 150 mulheres que treinam o ano todo para a competição internacional final, no estilo Super Bowl. São milhares de mulheres no palco, cobertas de lantejoulas e coreografadas, cantando no estilo *barbershop harmony*. Se você já viu o filme *A escolha perfeita*, imagine isso, só que para adultos e muito maior.

Quando fiquei mais velho, minha mãe começou a se envolver mais com a organização como um todo. Ela passou de diretora de coral para jurada, de jurada para treinadora de jurados, disso para jurada internacional e então para presidente da organização. Minha mãe dá palestras, é coach, treina corais no mundo todo e define o padrão pelo qual os jurados são julgados. Ela já foi chamada de Wayne Gretzky* do Sweet Adelines (a maior honra não oficial do Canadá).

Como sou um filho inteligente, muitas vezes recorro a minha mãe para pedir conselhos. Ela sabe muito sobre orientação e coaching para

---

* O canadense Wayne Gretzky é um ex-jogador de hóquei no gelo, considerado até hoje um dos maiores ídolos do esporte. [N.E.]

chegar à excelência. Antes de desenvolver um novo tópico ou assunto para o público, mostro tudo para ela.

Um dos conselhos mais valiosos que ela já me deu foi sobre apresentação e presença de palco.

"Brant, parece que você está de batom vermelho."

Ela está se referindo ao invariável instinto de um coro de melhorar a aparência quando tem baixa pontuação e quer passar para o nível seguinte.

"Elas se preocupam com as roupas, a coreografia ou a maquiagem", diz mamãe. "Quando digo que precisam de mais ressonância na voz, elas não querem ouvir. Dá muito trabalho, e é difícil para elas aceitarem. Enquanto não se derem conta de que o importante é o som, não posso ajudá-las. Quando o som é sem dúvida o melhor, aí, sim, o batom importa, a coreografia conta, as lantejoulas as fazem brilhar. Todos os anos, o coro campeão é o que canta melhor, e a presença de palco é só um diferencial."

Muitas vezes vejo a mesma coisa com meus clientes de coaching. Eles querem que eu diga que a solução é fácil. Querem ouvir que o problema são os gráficos, ou a gravata, ou a confiança. É mais fácil lidar com isso que com o conteúdo ou a ideia de negócios.

E tenho que dizer a eles que é o conteúdo, não a apresentação. É a mensagem, não o mensageiro.

Quando minha mãe me vê tentando realçar elementos de uma apresentação para ofuscar a falta de clareza, pergunta: "Você está de batom vermelho?".

E ela está certa. Quando me esforço para deixar um ponto tão claro quanto o vejo, para encontrar o caminho certo para ilustrar minhas ideias, eu me apoio em minha personalidade e estilo. E isso não acontece quando atinjo o meu melhor. Então, quando me vejo fazendo isso, recuo e admito que preciso trabalhar um pouco mais. Depois de chegar ao nível mais alto com as informações e a história, aí, sim, me sinto à vontade para acrescentar um pouco de estilo aqui e ali.

Portanto, observe sempre suas informações primeiro, e como você as passa depois.

As armadilhas da paixão

Eu sempre ouço isso: "Faça o pitch com paixão". Eu entendo a ideia e o impacto da paixão por seu negócio, produto ou serviço, e sei que ser apaixonado por sua apresentação ou pitch é crucial na mente da maioria das pessoas.

Não vou argumentar contra isso, mas o que vou deixar bem claro é que a paixão é extremamente poderosa e inebriante em uma apresentação, só que também pode ser incrivelmente perigosa e facilmente mal utilizada. Digo a meus clientes: "A paixão em uma apresentação é como andar na corda bamba. Quanto mais você a usa, mais fina fica a corda e mais dura é a queda".

"Paixão" é só uma palavra abrangente para entusiasmo, excitação, engajamento ou crença intensa. É, de fato, o indicador que usamos quando descrevemos o nível de entusiasmo de alguém por algo.

A desvantagem é que, quanto mais animado ou apaixonado você parece em sua apresentação, mais você se torna o centro dela. É aqui que está a linha tênue: você quer usar essa paixão para realçar e conduzir sua história, não para dominá-la.

Existem duas principais zonas de perigo a serem observadas ao fazer um pitch ou apresentação no que se refere a você mesmo e ao que chamamos de paixão.

Zona de perigo 1: A paixão se torna promoção

Todo mundo faz isso. Ao demonstrar entusiasmo por seu negócio, produto ou serviço, você pode passar depressa da paixão para a promoção. E as pessoas percebem que você está mais interessado em "fazer a venda" que nas suas informações ou oportunidades. Isso leva seu público a sentir que você está ansioso para vender, não para compartilhar, e assim a quarta parede é quebrada – bem como o feitiço que você está lançando.

Sua paixão deve ser direcionada à informação. É importante observar que a paixão não é um cobertor que se pode jogar sobre todos os elementos de sua apresentação. A paixão é uma onda que você usa para entrar com certa força, para enfatizar informações importantes e depois recuar e crescer de novo mais tarde. Ela deve ser ditada pelas informações, não pelo simples fato de você estar fazendo um pitch. Em vez de dar a entender: "Puxa, estou muito animado para despertar seu interesse!", você deve transmitir: "Nossa, essas informações que estou compartilhando são ótimas".

Você precisa ser informativo, não promocional.

Quando se torna promocional, você destrói sua credibilidade quase imediatamente. Suas declarações sobre fatos e informações começam a ser questionadas, porque seu público passa a achar que você dirá qualquer coisa para atingir seu objetivo. O público hipersensível de hoje rejeita com facilidade esse impulso promocional.

Como você evita ser promocional? Com confiança.

Não confiança pessoal, e sim confiança em suas informações. Quanto mais forte é sua confiança na qualidade, na eficácia e no valor de suas informações, maior a probabilidade de elas se sustentarem sozinhas.

Digamos que eu esteja fazendo um pitch para que você contrate meu buffet para sua próxima festa. E que meu plano seja levar Gordon Ramsay para ser o chef, servir pessoalmente no evento e supervisionar o jantar.

Com essa informação, eu precisaria tentar convencê-lo? Eu faria esse pitch com alguma dúvida? Eu sentiria necessidade de convencê-lo de que seria uma ótima noite?

Não. Eu deixaria a informação fazer toda a venda. Eu estaria suficientemente confiante para deixar os fatos trabalharem por si sós. É Gordon Ramsay, isso diz tudo!

Se, por outro lado, eu estivesse pensando em contratar um chef que nunca havia cozinhado para mim antes, que eu não conhecesse, talvez estivesse um pouco menos confiante de que você me contrataria. Eu sentiria necessidade de vender e te convencer. Teria que ser criativo e provavelmente exagerar ou fazer promessas sem certeza de que dariam certo.

Dá para ver a diferença nesses exemplos extremos. Quanto mais você acredita, menos sente que precisa vender seu peixe. Acredite, o público consegue sentir isso em você. Quanto mais você tenta vender, menos confiante parece e menor a probabilidade de que acreditem e confiem em você.

Confie que seu pitch ou apresentação levará seu público à direção que você deseja. Confie que seu público chegará à conclusão desejada com base apenas nas informações. Você não precisa forçar ou promover. Não precisa se esforçar demais para vender.

Pode ser difícil, porque nossa natureza básica nos leva a promover e vender quando realmente queremos uma coisa ou precisamos dela.

Eu tenho um pôster em meu escritório que diz:

Quanto maior o seu desejo de alcançar o resultado, maior a probabilidade de você transformar paixão em promoção.

Há uma infinidade de teses de doutorado em filosofia que fundamentam a ideia de que o desejo gera ação.

Não é nada complexo. Quanto mais você quer algo, mais faz para obtê-lo. Isso se manifesta em ações diferentes e talvez estranhas, dependendo do objeto de seu desejo.

Em um pitch ou apresentação, a charada da paixão/promoção são as palavras que você usa e a maneira como as usa.

Se você for promocional em um pitch ou apresentação, o público sentirá seu desejo pelo resultado. Se continuar mostrando isso, parecerá desesperado. E o desespero é, definitivamente, a última coisa que você quer transmitir.

Quando se torna promocional, você tenta:

- **Falar direito**
- **Falar bastante**
- **Falar alto**

Esse é o processo pelo qual nós, humanos, passamos quando estamos desesperados para que os outros vejam as coisas da maneira como as vemos.

Você pode notar isso claramente quando age por instinto, como quando está com raiva.

Quero que se lembre da última briga intensa que teve com seu/sua cônjuge ou com outra pessoa importante em sua vida.

Nessas situações, você já deve ter ouvido (ou dito) coisas do tipo:

"Não foi isso que eu disse!"

"Você disse isso mil vezes!"

"Por que você está gritando?!"

Quando você está em um confronto, com raiva, fica desesperado para que a outra pessoa entenda seu lado, e seus instintos básicos assumem o controle.

Você tenta **falar direito**. Acha que se o outro não está entendendo seu lado é porque não apresentou as informações corretamente. Então, tenta dizer de novo, de outra maneira ou com um estilo diferente. É chocante quando o outro não entende, porque para você é tudo muito claro, e você está tentando facilitar a compreensão.

Em um pitch ou apresentação, esse desespero é transmitido quando você tenta se mostrar meigo ou inteligente por meio de suas palavras e linguagem. Parece que você está tentando levar ou empurrar seu público com palavras ou truques. É por isso que alerto as pessoas acerca do uso de neurolinguística ou técnicas de comunicação. Essas são maneiras rápidas de dizer ao público que você está tentando "falar direito".

Deixe que suas informações falem por você. Não deixe que o público se sinta pressionado.

Quando você tenta **falar bastante**, é porque acha que a pessoa pode não ter ouvido ou captado o impacto do jeito que você pretendia. Então você fala de novo... e de novo.

Você acaba se repetindo várias vezes. E nota que, quanto mais raiva sente, mais fica dizendo a mesma coisa. É porque a declaração mais importante e poderosa que há em sua cabeça é algo que *precisa* ser ouvido, e, quando você não obtém o resultado esperado, fala de novo.

Em um pitch ou apresentação isso é comum, porque você tem informações que acredita que passarão a mensagem. Você as repete algumas vezes para garantir que sejam entendidas.

Não faça isso. É importante acreditar o suficiente na eficácia de suas informações para deixá-las falar por si. Se você precisar repetir, provavelmente as pessoas não vão acreditar.

Quando você tenta **falar alto**, é porque quer garantir que os fatos importantes e cruciais sejam valorizados ao máximo. Em uma conversa acalorada, você acaba elevando a voz cada vez mais. A cada momento, o volume aumentado diz: "Ouça esta informação", porque, em sua cabeça, essa é a informação que você deseja desesperadamente que a pessoa ouça; com ela você vai ganhar a discussão. Mas a discussão continua, porque, quando o que você grita não tem o efeito pretendido, você tenta de novo, e mais alto.

Em um pitch ou apresentação, isso é feito com palavras e estilo. Você colore suas frases ou afirmações com adjetivos para aumentar o volume. Pergunte a si mesmo quantas vezes usou "revolucionário", "inovador" ou "incrível" para reforçar suas informações. Essas palavras não são necessárias, mas, quando você as usa, está tentando "falar mais alto".

Em roteirização, o uso excessivo de advérbios é visto como uma maneira amadora de descrever uma cena. É quando o escritor diz que a personagem aceitou o convite "alegremente", em vez de usar uma descrição: "Seus olhos se arregalaram, e um sorriso se formou em seu rosto; ela então balançou a cabeça em sinal de aceitação".

Usar advérbios no roteiro é coisa de preguiçoso. Em pitches ou apresentações, é promocional.

Para evitar ser promocional em seu pitch ou apresentação, volte à essência de suas informações simplificadas. Deixe-as fazer o trabalho. Seja apaixonado pela informação. Seja apaixonado e entusiasmado pelo valor de sua oferta. Deixe que seu público sinta seu entusiasmo crescer da mesma forma que o dele ao receber suas informações.

Deixe que as informações e as conclusões o guiem, e não o contrário.

Zona de perigo 2: A paixão injustificável

Essa é uma bandeira vermelha gritante que você deve evitar a todo custo. É quando seu público o vê apaixonado ou empolgado com algo que não merece uma reação desse tipo.

Isso não só desvia a atenção em relação a suas informações, como também leva o público a julgar você e seus valores. E não de um jeito bom. Não queira estar nessa posição.

Já lhe aconteceu de alguém elogiar um filme e, quando você o vê, não só fica decepcionado, mas também se pergunta: "Como alguém pode achar isso bom?". E bom o bastante para recomendá-lo e se entusiasmar? Que impressão isso passa sobre seus gostos? É difícil desfazer essa impressão.

Há 30 anos, eu tinha adorado *Golpe perfeito* (James Woods, Louis Gossett Jr.) e disse a meus pais para verem o filme. Eles até hoje não aceitam minhas recomendações de cinema. (E continuo gostando de *Golpe perfeito*.)

Por que diferenças políticas acabam com amizades hoje em dia? Paixão injustificável. Você não consegue imaginar uma justificativa para que alguém apoie republicanos ou democratas, ou qualquer partido de que não goste. Isso torna o desacordo pessoal. As pessoas acabam a amizade quando o outro tem uma paixão muito forte por algo que elas não conseguem justificar. Ninguém termina uma amizade com um inimigo político ambivalente. Só os mais apaixonados atraem esse tipo de conflito.

Esse é o poder e o perigo da paixão.

Eu recebo ideias e sugestões ruins para programas de TV o tempo todo. Na verdade, eu diria que 98% dos pitches que recebo de produtores externos não são bons a ponto de se tornarem programas. Metade deles são simplesmente ideias ruins, o que é normal nesse ramo.

De vez em quando, porém, recebo um produtor que faz um pitch apaixonado de uma ideia terrível. Nesse caso, eu não apenas recuso o material, como digo a meu assistente: "Nunca mais deixe essa pessoa entrar na minha sala".

Não sei dizer quantos executivos da área de desenvolvimento foram entrevistados para vagas e fizeram o pitch de uma ideia na entrevista. A entrevista estava indo muito bem, mas a certa altura eles iam direto ao assunto e diziam: "Vamos lá, julgue-me com base em uma ideia que eu acho boa o suficiente para lhe apresentar agora mesmo". Mais de um candidato que eu estava considerando me fez dizer: "Se você acha que isso é uma boa ideia, não serve para este ramo de negócios".

Ser apaixonado por elementos subjetivos é perigoso. Seu objetivo não deve ser mostrar entusiasmo por sua opinião. E sim se entusiasmar pelos fatos.

Sempre digo a meus clientes que, se você pode iniciar uma declaração com "Eu acho" ou "Isso poderia", isso é uma opinião, e você não deve fazer propaganda dela. Quando você fala de um resultado ou um fato, é isso que deve deixá-lo empolgado.

Com o Freebird, o fato de rastrearmos as despesas de cartão de crédito e as relacionarmos às corridas dos consumidores é algo digno de entusiasmo. Isso mudou todo o desenvolvimento do serviço. O fato de Kurt achar que isso "poderia" mudar a forma como a publicidade e o marketing se relacionam com o transporte é uma opinião e uma conclusão que não precisa de ênfase. Na verdade, recomendei que ele nem disesse isso. A informação permitiria ao público chegar lá. Ele não precisa vender a ideia.

Você está empolgado ou apaixonado por uma opinião ou conclusão? Está tentando forçar essa opinião ou conclusão sobre seu público, vendendo-a com entusiasmo?

Tenha confiança em suas informações. Confie que elas e seus três minutos levarão seu público a compartilhar sua opinião e a chegar à conclusão certa.

A versão do diretor

Como mencionei no Capítulo 7, existe uma razão para você nunca assistir à versão do diretor de um filme e pensar que aquelas cenas cortadas e os 32 minutos a mais teriam ajudado.

Você não está lendo minha versão final deste livro. Está lendo o resultado dos comentários de editores e redatores e dezenas de contribuições e ajustes de outras pessoas em vários rascunhos de preparação para estas páginas finais. Isto aqui não é a versão do diretor.

Existe uma razão para que em quase todos os empreendimentos criativos haja um processo de comentários que evolui e tem propósito. Colaboração e influência externa quase sempre resultam em um produto melhor. Você não deve ter medo de comentários de fora de seu círculo, nem deve rejeitá-los. Em uma câmara de eco, você só ouve a si mesmo.

À medida que minha carreira em televisão progredia, eu obtinha cada vez mais autonomia sobre minhas escolhas criativas. Eu podia comprar e desenvolver qualquer projeto que quisesse com pouca supervisão.

Sempre me opus a isso. Por que precisaria dessa autonomia total? Isso faz bem para o ego, mas sempre achei que, se eu não conseguisse convencer meu chefe ou o chefe dele ou o departamento de marketing ou os assistentes com meu pitch, que esperança eu teria de vender qualquer coisa e fazê-la chegar à TV?

A autonomia costuma ser uma conveniência funcional, não necessariamente um avanço criativo.

Portanto, o conselho final e mais importante que tenho a dar é: depois de concluir todo o processo de coletar, destilar e aperfeiçoar suas informações até chegar aos três minutos perfeitos, desde os post-its até as afirmações de valor e a busca por sua vantagem e seu gancho, *mostre seu pitch a outras pessoas*.

Sei que pode ser frustrante perguntar aos outros: "O que você acha?". Se perguntar a seis pessoas, obterá oito respostas diferentes. As pessoas gostam de expressar suas opiniões. Mas vale a pena fazer o exercício. Mostre sua apresentação para quem você acha que vai gostar e para quem acha que vai odiar. Muitas vezes, os inimigos são os mais úteis. Deixe-os abrir furos em seu pitch para que você possa ver onde está mais fraco. Você se sentirá mais confiante nas partes em que acredita e estará mais bem preparado para as falhas que teria ignorado.

Pode ser que você esteja de batom vermelho.

Mais uma vez, tudo se resume à confiança que você tem em suas informações. Uma vez expostas, deixe que elas resistam a esse exame minucioso.

Como incentivo final, convido você, depois de ler estes capítulos e elaborar seu pitch ou apresentação, a nos enviar perguntas ou histórias de sucesso (ou desafios) pelo site 3minuterule.com [em inglês]. Adoro o sucesso que a campanha "Fale menos, consiga mais" tem alcançado, e me sinto inspirado a acompanhar outras pessoas em sua jornada.

Entre em contato e compartilhe sua história.

Prometo ler qualquer coisa que tenha menos de três minutos.

Agradecimentos

Como ainda não ganhei um Oscar nem um Emmy, não tive a chance de fazer meu discurso no qual agradeço todos aqueles que me ajudaram a chegar onde estou hoje. Então, acho melhor fazer isso agora. Começo agradecendo aos Estados Unidos da América por tudo que este país me deu. Sem os Estados Unidos e tudo que eles representam, nada disso seria possível. E isso vai além do livro. Quem sou hoje e tudo que fiz só foi possível porque este país me recebeu e me aceitou. Serei eternamente grato àqueles que serviram e se sacrificaram por essas oportunidades. Eu sei que liberdade não é de graça.

Minha esposa, Juliana, por mais de 25 anos minha maior apoiadora e parceira. Lá onde começamos, seria impossível enxergar onde estamos hoje. Você ainda me empolga, me desafia e me faz uma pessoa melhor; obrigado. Meu filho mais velho, Kahless, minha única filha, Briana, e meu filho mais novo, Braden: vocês me dão alegria e inspiração todos os dias.

Agradeço a meus pais, Marcia e Dennis, que me concederam alguns dos meus atributos mais favoráveis e toleraram a maioria dos desfavoráveis. Eles me apoiaram de todas as maneiras possíveis. A meu irmão, Shawn, meu aliado mais próximo e conselheiro mais confiável. Você ficou atrás, ao lado e diante de mim em todos os meus desafios e lutas nessa jornada. Ainda temos muito o que fazer. Amo você.

Este livro representa o ápice de uma jornada às vezes longa e árdua para, por fim, chegar onde eu deveria estar. Mas também é o começo de outro capítulo emocionante que estou animado para começar a escrever. São muitas as figuras-chave que tornaram isso possível:

Wendy Keller, você é a agente literária que fez tudo acontecer. Estou muito feliz por ter ouvido e seguido sua orientação. Foi uma boa decisão. Jeffrey Hayzlett, pelo jantar em que eu disse: "Quero fazer o que você faz". Você me fez ver outro caminho e tem sido um grande amigo e conselheiro. Phil Revzin, por tornar estas palavras melhores e estes pensamentos mais claros. Meu tio Mark, por fazer a bola rolar e me oferecer o caminho direto. Eu não estaria aqui se não fosse a NobleCon, e, sem dúvida, o Channelchek é o futuro. Kaushik Viswanath, pela carta no fim de semana que me levou à Penguin Random House. Não tenho dúvidas de que esse é o lar certo, e você é meu parceiro certo. Boa jogada.

David Foster. Você me deu 5 mil dólares no dia em que nos conhecemos e disse: "Não aceite um acordo por precisar do dinheiro; você vai se arrepender". Você me deixou ficar em sua casa e ligou para minha esposa quando eu quis me mudar para Los Angeles. Você viu algo em mim e acreditou. Eu não estaria aqui sem você, ponto final.

Matt Walden. Você liderou pelo exemplo como amigo e como mentor, e foi observando você que aprendi sobre quem eu queria ser. Serei sempre grato por sua orientação.

Sean Perry, meu primeiro agente e querido amigo. Você sempre esteve ao meu lado e em meu time. Em nosso primeiro dia, você me disse que eu tinha que fazer cada pitch tão bom quanto o primeiro, porque um dia eu poderia ser conhecido por isso. Eu lhe devo essa.

Eric Benet, meu melhor amigo e irmão. Não tenho ideia de como um cantor negro de R&B e um empresário canadense branco se tornaram irmãos de alma, mas não nos cabe perguntar por quê. Ser citado no encarte de seu álbum foi um dos meus momentos de maior orgulho, e retribuo seu amor aqui.

Lorne Alcock, meu amigo mais antigo e mais próximo. Difícil explicar, e, se me perguntarem quem é Lorne, ninguém entenderia a resposta. Você põe este trem em movimento. Você conhece a história melhor que ninguém. E sempre será uma de minhas pessoas favoritas neste planeta.

A vida é uma série de incidentes, relacionamentos, decisões e ações que compõem o caminho rumo ao lugar onde você está hoje. Alguns desses momentos são significativos no instante em que acontecem, mas outros só revelam o impacto que tiveram muito mais tarde, quando você olha para trás. E as pessoas que participaram desses momentos podem nunca saber o efeito que tiveram no curso de sua vida. É uma honra ter a oportunidade de olhar para trás, através das lentes da boa sorte, e tentar agradecer a muitas dessas pessoas e momentos que me trouxeram a este dia. Mais uma vez, isto é mais que apenas um livro.

Meu primeiro parceiro de negócios, Jag Phagura, pelo JAM. Uau, que começo! Meu primeiro mentor e inspiração, Eli Pasquale, você me ensinou a mirar nas estrelas, porque, se errar o tiro, mesmo assim vai cair na lua. Pete Bodman e Trevor Timmerman, por Cage Taylor; não sei se nada disso teria acontecido sem aqueles dias. Norm Kilarski, por fazer pressão e estender a mão a David. Nunca poderei agradecer o bastante por sempre poder contar com você. Joe e John, do SHC, vocês me apoiaram e foram uma das minhas primeiras inspirações de empreendedorismo no ensino médio. Marinda Heshka, por sempre manter tudo unido. Cuauh Sanchez, pela conexão de Cancún; foi um momento absolutamente crucial. Dave Marsh e James Lemire, pelas memórias na estrada. Kirk Shaw, pela ajuda e pelo apoio sempre amável, mas firme.

Scott LaStaiti, um de meus primeiros encontros em LA; quem imaginaria que estaríamos aqui, hoje, ainda amigos e ainda trabalhando juntos? Você tem sido uma constante força para o bem em minha vida. Jason Heit, obrigado por fazer Scott participar daquela reunião. Eu lhe devo essa. Jeff Gaspin, pela oferta e pelo apoio que acendeu o pavio; eu ainda penso naquele momento. Lance Klein, pela ligação feita do estacionamento da ABC a Jeff Gaspin dizendo: "Temos planos maiores para ele". Ari Emanuel, pela ligação dizendo: "É o rapaz canadense que anda rodando pela cidade?". McG e Stephanie Savage, por fazerem aquela ligação. Mary Aloe, por mexer a panela e fazê-la ferver. À lenda Dick Clark, por sua oferta, e a Jimmy Miller, que me disse para não aceitar. Matt Johnson e Skip Brittenham, por aquela reunião da diretoria e por serem meus primeiros advogados. Michael Gruber, por correr um grande risco por um rapaz que não tinha ideia do quão pouco sabia. Gavin Reardon, por aquela viagem do MIP. Gary Benz, por me colocar na TV. John Ferriter, pela ligação de recomendação dizendo: "Mas John não é meu agente". Angela Shapiro-Mathes, pela grande oportunidade; espero que você esteja tão feliz quanto eu com o resultado.

J.D. Roth e Todd Nelson, pelas lições de vida. Kurt Brendlinger, por ser um apoiador tão entusiasmado; você me inspira. Reinout Oerlemans, pela exposição às grandes ligas. Garret Greco, meu braço direito, você ainda é padrão ouro. Você sempre será da minha família. Tracey Lentz, Mike Maddocks e Ambrosio Avestruz, uau, que aventura! Todd Weinstein, crescemos juntos e foi uma bênção tê-lo ao meu lado, pessoal e profissionalmente. Josh Klein, você continua me aprimorando e é uma das pessoas mais criativas que conheço. Nate Taflove, pelas primeiras edições da *Forbes*; você ajudou a montar o palco. Christian Robinson, pelos projetos juntos por 15 anos, desde a TV até as brincadeiras no lago; você é o melhor. Aaron Marion, pelo empurrão com relações públicas, e Tanya Klich, por dar a plataforma.

Hank Cohen, por ser um amigo e um apoiador incrível; desde que vendemos aquela nave espacial à Fox, sempre posso contar com você.

Nunca poderei te agradecer o suficiente, de muitas maneiras. Dean Shull e Jake Pentland, pelas edições; Sean Reilly, pela validação; e Elycia Rubin, pelas conexões.

Este livro é resultado das habilidades que desenvolvi como produtor em Hollywood, mas tudo isso deriva das lições de vida e de negócios que aprendi com alguns amigos incríveis que me influenciaram ao longo dos anos.

Mark Murr, por sempre poder contar com você. George Salvador, o vigarista que fazia os negócios acontecerem antes que soubéssemos o que isso significava. Ellen Gallacher, por aquele quase negócio de site. Mark Koops, pela visão ensolarada e britânica da vida e por cuidar de mim depois que fui demitido; eu nunca esquecerei isso. Rabih Gholam, por todas aquelas ligações matinais. Joel Zimmer, pela época de Malibu até os dias atuais. SallyAnn Salsano, por me mostrar outro nível de intensidade, eu adoro isso. Jayson Dinsmore, Aaron Rothman e Eli Frankel, nós éramos os Quatro Cavaleiros; que movimento ousado quase fizemos! Geoff Kyle, Al McBeth, Morgan Gonzalez e Keith Allen, por me manterem fora da mentalidade de Hollywood. Paraag Marathe, agradeço profundamente por nossa amizade, obrigado por tudo. Beth Stern, você é minha inspiração no resgate de animais. Jeff Butler, você é um grande amigo, um líder fabuloso e empresário incrível. Minha vida melhorou desde que você apareceu.

A minha família estendida. Allan Pinvidic, você foi a coisa mais parecida com um irmão mais velho. Minhas tias Margot e Dianne me deram um equilíbrio criativo em nossa experiência de crescimento. Minha avó Margaret, por sempre ser a voz em minha cabeça. Ao clã Antonini-Marty, por plantar a ideia de tocar música daquele jeito, e Cory, pelo tutorial do Fuddruckers, entre outras coisas. Len, Kelly, Rob, Bonnie, Ed e Deanie, pelo período "vertiginoso". Ed, minha esposa nunca esquecerá o que você fez. Mike, pela casa. Tony, por minha mãe; Christine, por ser nossa mãe longe de casa; e Louise, por ser

Louise. Brandon, por ajudar a pôr tudo de volta nos trilhos quando as coisas começaram a descarrilar. Lui e Marie, por tudo que vocês fazem e pelo exemplo que dão.

E, por fim, agradeço a minha prima Tricia, a mulher mais forte, resistente e inspiradora que já conheci. Deus a abençoe, você me dá a inspiração para aproveitar o momento, para levantar a mão quando estou com medo e para viver melhor e ser melhor hoje.